LE JUIF ERRANT

PAR

M. EUGÈNE SÜE

Tome Troisième

PARIS
PAULIN, ÉDITEUR
RUE RICHELIEU, 60

1844

LE
JUIF ERRANT.

LE
JUIF ERRANT

PAR

M. EUGÈNE SÜE.

TOME TROISIÈME

PARIS
PAULIN, ÉDITEUR
RUE RICHELIEU, 60
1844

LE JUIF ERRANT.

TROISIÈME PARTIE.

CHAPITRE PREMIER.

L'ENTRETIEN.

Lorsque Adrienne de Cardoville entra dans le salon où l'attendait Agricol, elle était mise avec une extrême et élégante simplicité : une robe de casimir gros-bleu, à corsage juste, brodée sur le devant en lacet de soie noire, selon la mode d'alors, dessinait sa taille de nymphe et sa poitrine arrondie; un petit col de batiste uni et carré se rabattait sur un large ruban écossais, noué en rosette, qui lui servait de cravate; sa magnifique chevelure dorée encadrait sa blanche figure d'une incroyable profusion de longs et légers tire-bouchons qui atteignaient presque son corsage.

Agricol, afin de donner le change à son père et de lui faire croire qu'il se rendait véritablement aux ateliers de M. Hardy, s'était vu forcé de revêtir ses habits de travail; seulement il avait mis une blouse neuve, et le col de sa chemise de grosse toile bien blanche retombait sur une cravate noire négligemment nouée autour de son cou; son large pantalon gris laissait voir des bottes très-proprement cirées, et il tenait entre ses mains musculeuses une belle casquette de drap toute neuve; somme toute, cette blouse bleue, brodée de rouge, qui, dégageant l'encolure brune et nerveuse du jeune forgeron, dessinant ses robustes épaules, retombait en plis gracieux, ne gênait en rien sa libre et franche allure, lui seyait beaucoup mieux que ne l'aurait fait un habit ou une redingote.

En attendant mademoiselle de Cardoville, Agricol examinait machinalement un magnifique vase d'argent admirablement ciselé ; une petite plaque de même métal, attachée sur son socle de brèche antique, portait ces mots : *Ciselé par Jean-Marie, ouvrier ciseleur, 1831.*

Adrienne avait marché si légèrement sur le tapis de son salon, seulement séparé d'une autre pièce par des portières, qu'Agricol ne s'aperçut pas de la venue de la jeune fille ; il tressaillit et se retourna vivement lorsqu'il entendit une voix argentine et perlée lui dire :

— Voici un beau vase, n'est-ce pas, monsieur ?

— Très-beau, mademoiselle — répondit Agricol assez embarrassé.

— Vous voyez que j'aime l'équité — ajouta mademoiselle de Cardoville en lui montrant du doigt la petite plaque d'argent — un peintre signe son tableau... un écrivain son livre, je tiens à ce qu'un ouvrier signe son œuvre.

— Comment, mademoiselle, ce nom ?...

— Est celui du pauvre ciseleur qui a exécuté ce rare chef-d'œuvre pour un riche orfévre... Lorsque celui-ci m'a vendu ce vase, il a été stupéfait de ma bizarrerie, il aurait presque dit, de mon injustice, lorsque, après m'être fait nommer l'auteur de ce merveilleux ouvrage, j'ai voulu que ce fût son nom au lieu de celui de l'orfévre qui fût inscrit sur le socle... A défaut de richesse, que l'artisan ait au moins le renom, n'est-ce pas juste, monsieur?

Il était impossible à Adrienne d'engager plus gracieusement l'entretien ; aussi le forgeron, commençant à se rassurer, répondit :

— Étant ouvrier moi-même, mademoiselle... je ne puis qu'être doublement touché d'une pareille preuve d'équité.

— Puisque vous êtes ouvrier, monsieur, je me félicite de cet à-propos, mais veuillez vous asseoir.

Et d'un geste rempli d'affabilité elle lui indiqua un fauteuil de soie pourpre brochée d'or, prenant place elle-même sur une causeuse de même étoffe.

Voyant l'hésitation d'Agricol, qui baissait de nouveau les yeux avec embarras, Adrienne lui dit gaiement, pour l'encourager, en lui montrant *Lutine :*

— Cette pauvre petite bête, à laquelle je suis très-attachée, me sera toujours un souvenir vivant de votre obligeance, monsieur; aussi votre visite me semble d'un heureux augure, je ne sais quel bon pressentiment me dit que je pourrai peut-être vous être utile à quelque chose.

— Mademoiselle... — dit résolument Agricol — je me nomme Baudoin, je suis forgeron chez M. Hardy, au Plessis près Paris; hier, vous m'avez offert votre bourse... j'ai refusé... aujourd'hui je viens vous demander peut-être dix fois, vingt fois la somme que vous m'avez généreusement proposée;... je vous dis cela tout de suite, mademoiselle... parce que c'est ce qui me coûte le plus :... ces mots-là me brûlaient les lèvres, maintenant je serai plus à mon aise...

— J'apprécie la délicatesse de vos scrupules — dit Adrienne — mais si vous me connaissiez, vous vous seriez adressé à moi sans crainte;.. combien vous faut-il?

— Je ne sais pas, mademoiselle.

— Comment, monsieur!.... vous ignorez quelle somme?

— Oui, mademoiselle, et je viens vous demander... non-seulement la somme qu'il me faut... mais encore quelle est la somme qu'il me faut ?

— Voyons, monsieur — dit Adrienne en souriant — expliquez-moi cela... malgré ma bonne volonté vous sentez que je ne devine pas tout à fait ce dont il s'agit...

— Mademoiselle, en deux mots voici le fait : J'ai une bonne vieille mère qui, dans sa jeunesse, s'est ruiné la santé à travailler pour m'élever, moi et un pauvre enfant abandonné qu'elle avait recueilli; à présent c'est à mon tour de la soutenir, c'est ce que j'ai le bonheur de faire... Mais pour cela je n'ai que mon travail. Or, si je suis hors d'état de travailler, ma mère est sans ressources.

— Maintenant, monsieur, votre mère ne peut manquer de rien, puisque je m'intéresse à elle...

— Vous vous intéressez à elle, mademoiselle ?

— Sans doute.

— Vous la connaissez donc.

— A présent, oui...

— Ah! mademoiselle — dit Agricol avec émotion après un moment de silence — je vous comprends... Tenez... vous avez un noble cœur ; la Mayeux avait raison...

— La Mayeux?

Dit Adrienne en regardant Agricol d'un air très-surpris; car ces mots pour elle étaient une énigme.

L'ouvrier, qui ne rougissait pas de ses amis, reprit bravement :

— Mademoiselle, je vais vous expliquer cela. La Mayeux est une pauvre jeune ouvrière bien laborieuse avec qui j'ai été élevé; elle est contrefaite, voilà pourquoi on l'appelle la Mayeux. Vous voyez donc que d'un côté elle est placée aussi bas que vous êtes placée haut. Mais pour le cœur... pour la délicatesse... Ah! mademoiselle... je suis sûr que vous la valez... Ça été tout de suite sa pensée, lorsque je lui ai raconté comment hier vous m'aviez donné cette belle fleur...

— Je vous assure, monsieur — dit Adrienne sincèrement touchée — que cette comparaison me flatte et m'honore plus que tout ce que vous pourriez me dire... Un cœur qui reste bon et délicat, malgré de cruelles infortunes, est un si rare trésor !... Il est si facile d'être bon, quand on a la jeunesse et la beauté ! d'être délicat et généreux, quand on a la richesse ! J'accepte donc votre comparaison ;... mais à condition que vous me mettrez bien vite à même de la mériter. Continuez donc, je vous prie.

Malgré la gracieuse cordialité de mademoiselle de Cardoville, on devinait chez elle tant de cette dignité naturelle que donnent toujours l'indépendance du caractère, l'élévation de l'esprit et la noblesse des sentiments, qu'Agricol, oubliant l'idéale beauté de sa protectrice, éprouva bientôt pour elle une sorte d'affectueux et profond respect qui contrastait singulièrement avec l'âge et la gaieté de la jeune fille qui lui inspirait ce sentiment.

— Si je n'avais que ma mère, mademoiselle, à la rigueur je ne m'inquiéterais pas trop d'un chômage forcé ; entre pauvres gens on s'aide, ma mère est adorée dans la maison, nos braves voisins viendraient à son secours ; mais ils ne sont pas heureux, et ils se priveraient pour elle, et leurs petits services lui seraient plus pénibles que la misère même, et puis enfin ce n'est pas seulement pour ma mère que j'ai besoin de travailler, mais pour mon père; nous ne l'avions pas vu depuis dix-huit ans : il vient d'arriver de Sibérie... il y était resté par dévouement à son ancien général, aujourd'hui le maréchal Simon.

— Le maréchal Simon...

Dit vivement Adrienne avec une expression de surprise.

— Vous le connaissez, mademoiselle?

— Je ne le connais pas personnellement, mais il a épousé une personne de notre famille...

— Quel bonheur!... — s'écria le forgeron — alors ses deux demoiselles que mon père a ramenées de Russie... sont vos parentes...

— Le maréchal a deux filles? — demanda Adrienne de plus en plus étonnée et intéressée.

— Ah! mademoiselle... deux petits anges de quinze ou seize ans... Et si jolies, si douces, deux jumelles qui se ressemblent à s'y méprendre... leur mère est morte en exil, le peu qu'elle possédait ayant été confisqué, elles sont venues ici avec mon père du fond de la Sibérie, voyageant bien pauvrement; mais il tâchait de leur faire oublier tant de privations à force de dévouement... de tendresse... Brave père!... vous ne croiriez pas, mademoiselle, qu'avec un courage de lion il est bon... comme une mère...

— Et où sont ces chers enfants, monsieur? — dit Adrienne.

— Chez nous, mademoiselle... c'est ce qui rendait ma position si difficile, c'est ce qui m'a donné le courage de venir à vous; ce n'est pas qu'avec mon travail je ne puisse suffire à notre petit ménage ainsi augmenté... mais si l'on m'arrête?

— Vous arrêter... et pourquoi?

— Tenez, mademoiselle... ayez la bonté de lire cet avis, que l'on a envoyé à la Mayeux... cette pauvre fille dont je vous ai parlé... une sœur pour moi...

Et Agricol remit à mademoiselle de Cardoville la lettre anonyme écrite à l'ouvrière.

Après l'avoir lue, Adrienne dit au forgeron avec surprise :

— Comment, monsieur, vous êtes poète?...

— Je n'ai ni cette prétention, ni cette ambition, mademoiselle;... seulement quand je reviens auprès de ma mère, après ma journée de travail... ou souvent même en forgeant mon fer, pour me distraire ou me délasser, je m'amuse à rimer,... tantôt quelques odes, tantôt des chansons.

— Et ce *Chant des Travailleurs* dont on parle dans cette lettre, est donc bien hostile, bien dangereux ?

— Mon Dieu non, mademoiselle, au contraire, car moi j'ai le bonheur d'être employé chez M. Hardy, qui rend la position de ses ouvriers aussi heureuse que celle de nos autres camarades l'est peu,... et je m'étais borné à faire, en faveur de ceux-ci qui composent la masse, une réclamation chaleureuse, sincère, équitable, rien de plus ; mais vous le savez peut-être, mademoiselle, dans ce temps de conspiration et d'émeute, souvent on est incriminé, emprisonné légèrement... Qu'un tel malheur m'arrive... que deviendront ma mère... mon père... et les deux orphelines que nous devons regarder comme de notre famille, jusqu'au retour du maréchal Simon ?

Aussi, mademoiselle, pour échapper à ce malheur, je venais vous demander, dans le cas où je risquerais d'être arrêté, de me fournir une caution ; de la sorte je ne serais pas forcé de quitter l'atelier pour la prison, et mon travail suffirait à tout, j'en réponds.

— Dieu merci — dit gaiement Adrienne — ceci pourra s'arranger parfaitement ; désormais, monsieur le poète, vous puiserez vos inspirations dans le bonheur et non dans le chagrin... triste muse !... D'abord votre caution sera faite.

— Ah ! mademoiselle... vous nous sauvez.

— Il se trouve ensuite que le médecin de notre famille est fort lié avec un ministre très-important (entendez-le comme vous voudrez — dit-elle en souriant — vous ne vous tromperez guère) ; le docteur a sur ce grand homme d'État beaucoup d'influence, car il a toujours eu le bonheur de lui conseiller, par raison de santé, les douceurs de la vie privée, la veille du jour où on lui a ôté son portefeuille. Soyez donc parfaitement tranquille, si la caution était insuffisante nous aviserions à d'autres moyens.

— Mademoiselle — dit Agricol avec une émotion profonde — je vous devrai le repos, peut-être la vie de ma mère... croyez-moi, je ne serai jamais ingrat.

— C'est tout simple... Maintenant autre chose : il faut bien que ceux qui en ont trop aient le droit de venir en aide à ceux qui n'en ont pas assez... Les filles du maréchal Simon sont de ma famille ! elles logeront ici, avec moi ; ce sera plus convenable ; vous en préviendrez votre bonne mère ; et, ce soir, en allant la remercier de l'hospitalité qu'elle a donnée à mes jeunes parentes, j'irai les chercher.

Tout à coup Georgette, soulevant la portière qui séparait le salon d'une pièce voisine, entra précipitamment et d'un air effrayé.

— Ah ! mademoiselle — s'écria-t-elle — il se passe quelque chose d'extraordinaire dans la rue...

— Comment cela ? explique-toi.

— Je venais de reconduire ma couturière jusqu'à la petite porte, il m'a semblé voir des hommes de mauvaise mine regarder attentivement les murs et les croisées du petit bâtiment attenant au pavillon, comme s'ils voulaient épier quelqu'un.

— Mademoiselle — dit Agricol avec chagrin — je ne m'étais pas trompé, c'est moi qu'on cherche...

— Que dites-vous ?

— Il m'avait semblé être suivi depuis la rue Saint-Merry... Il n'y a plus à en douter ; on m'aura vu entrer chez vous et l'on veut m'arrêter... Ah ! maintenant, mademoiselle, que votre intérêt est acquis à ma mère... maintenant que je n'ai plus d'inquiétude pour les filles du maréchal Simon, plutôt que de vous exposer au moindre désagrément, je cours me livrer...

— Gardez-vous-en bien, monsieur — dit vivement Adrienne — la liberté est une trop bonne chose pour la sacrifier volontairement... D'ailleurs Georgette peut se tromper :... mais, en tout cas, je vous en prie, ne vous livrez pas... Croyez-moi, évitez d'être arrêté... cela facilitera, je pense, beaucoup mes démarches... car il me semble que la justice se montre d'un attachement exagéré pour ceux qu'elle a une fois saisis...

— Mademoiselle — dit Hébé en entrant aussi d'un air inquiet — un homme vient de frapper à la petite porte... il a demandé si un jeune homme en blouse bleue n'était pas entré ici... Il a ajouté que la personne qu'il cherchait se nommait Agricol Baudoin... et qu'on avait quelque chose de très-important à lui apprendre...

— C'est mon nom — dit Agricol — c'est une ruse pour m'engager à sortir...

— Évidemment — dit Adrienne — aussi faut-il la déjouer. Qu'as-tu répondu, mon enfant? — ajouta-t-elle en s'adressant à Florine.

— Mademoiselle... j'ai répondu que je ne savais pas de qui on voulait parler.

— A merveille!... Et l'homme questionneur?...

— Il s'est éloigné, mademoiselle.

— Sans doute pour revenir bientôt — dit Agricol.

— C'est très-probable — reprit Adrienne. — Aussi, monsieur, faut-il vous résigner à rester ici quelques heures... Je suis malheureusement obligée de me rendre à l'instant chez madame la princesse de Saint-Dizier, ma tante, pour une entrevue très-importante qui ne pouvait déjà souffrir aucun retard, mais qui est rendue plus pressante encore par ce que vous venez de m'apprendre au sujet des filles du maréchal Simon... Restez donc ici, monsieur, puisqu'en sortant vous seriez certainement arrêté.

— Mademoiselle... pardonnez mon refus... Mais encore une fois je ne dois pas accepter cette offre généreuse.

— Et pourquoi?

— On a tenté de m'attirer au dehors afin de ne pas avoir à pénétrer légalement chez vous; mais à cette heure, mademoiselle, si je ne sors pas on entrera, et jamais je ne vous exposerai à un pareil désagrément. Je ne suis plus inquiet de ma mère, que m'importe la prison?

— Et le chagrin que votre mère ressentira? et ses inquiétudes, et ses craintes? n'est-ce donc rien? Et votre père, et cette pauvre ouvrière qui vous aime comme un frère et que je vaux par le cœur, dites-vous, monsieur, l'oubliez-vous aussi?... Croyez-moi, épargnez ces tourments à votre famille... Restez ici; avant ce soir je suis certaine, soit par caution, soit autrement, de vous délivrer de ces ennuis...

— Mais, mademoiselle, en admettant que j'accepte votre offre généreuse.... on me trouvera ici.

— Pas du tout... Il y a dans ce pavillon qui servait autrefois de petite maison, vous voyez, monsieur — dit Adrienne en souriant — que j'habite un lieu bien profane, il y a dans ce pavillon une cachette si merveilleusement bien imaginée qu'elle peut défier toutes les recherches; Georgette va vous y conduire; vous y serez très-commodément, vous pourrez même y écrire quelques vers pour moi si la situation vous inspire...

— Ah! mademoiselle, que de bontés !...
— Comment ai-je mérité ?...

— Comment ? monsieur, je vais vous le dire : admettez que votre caractère, que votre position ne méritent aucun intérêt; admettez que je n'aie pas contracté une dette sacrée envers votre père pour les soins touchants qu'il a eus des filles du maréchal Simon mes parentes... Mais songez au moins... à *Lutine*, monsieur — dit Adrienne en riant — à Lutine que voilà... et que vous avez rendue à ma tendresse... Sérieusement... si je ris — reprit cette singulière et folle créature — c'est qu'il n'y a pas le moindre danger pour vous, et que je me trouve dans un accès de bonheur; ainsi donc, monsieur, écrivez-moi vite votre adresse et celle de votre mère sur ce portefeuille; suivez Georgette et faites-moi de très-jolis vers si vous ne vous ennuyez pas trop dans cette prison où vous fuyez... une prison.

Pendant que Georgette conduisait le forgeron dans la cachette, Hébé apportait à sa maîtresse un petit chapeau de castor gris à plume grise, car Adrienne devait traverser le parc pour se rendre au grand hôtel occupé par madame la princesse de Saint-Dizier.

. . . .

Un quart d'heure après cette scène, Florine entrait mystérieusement dans la chambre de madame Grivois, première femme de la princesse de Saint-Dizier.

— Eh bien? — demanda madame Grivois à la jeune fille.

— Voici les notes que j'ai pu prendre dans la matinée — dit Florine en remettant un papier à la duègne — heureusement j'ai bonne mémoire...

— A quelle heure, au juste, est-elle rentrée ce matin? — dit vivement la duègne.

— Qui, madame?

— Mademoiselle Adrienne.

— Mais elle n'est pas sortie, madame;... nous l'avons mise au bain à neuf heures.

— Mais avant neuf heures elle est rentrée après avoir passé la nuit dehors. Car voilà où elle en est arrivée pourtant.

Florine regardait madame Grivois avec un profond étonnement.

— Je ne vous comprends pas, madame.

— Comment, mademoiselle n'est pas rentrée ce matin, à huit heures, par la petite porte du jardin? Osez donc mentir!

— J'avais été souffrante hier, je ne suis descendue qu'à neuf heures pour aider Georgette et Hébé à sortir mademoiselle du bain... j'ignore ce qui s'est passé auparavant, je vous le jure, madame...

— C'est différent... vous vous informerez de ce que je viens de vous dire là auprès de vos compagnes ; elles ne se défient pas de vous, elles vous diront tout...

— Oui, madame.

— Qu'a fait mademoiselle ce matin depuis que vous l'avez vue?

— Mademoiselle a dicté une lettre à Georgette pour M. Norval, j'ai demandé d'être chargée de l'envoyer afin d'avoir un prétexte pour sortir et pour noter ce que j'avais retenu...

— Bon... et cette lettre?

— Jérôme vient de sortir ; je la lui ai donnée pour qu'il la mît à la poste...

— Maladroîte ! — s'écria madame Grivois — vous ne pouviez pas me l'apporter?

— Mais puisque mademoiselle a dicté tout haut à Georgette, selon son habitude, je savais le contenu de cette lettre et je l'ai écrit dans la note.

— Ce n'est pas la même chose... il était possible qu'il fût bon de retarder l'envoi de cette lettre... la princesse va être contrariée...

— J'avais cru bien faire... madame.

— Mon Dieu ! je sais que ce n'est pas la bonne volonté qui vous manque ; depuis six mois on est satisfait de vous... mais cette fois vous avez commis une grave imprudence...

— Ayez de l'indulgence... madame... ce que je fais est assez pénible.

Et la jeune fille étouffa un soupir.

Madame Grivois la regarda fixement et lui dit d'un ton sardonique :

— Eh bien ! ma chère, ne continuez pas... si vous avez des scrupules... vous êtes libre... allez-vous-en...

— Vous savez bien que je ne suis pas libre, madame... — dit Florine en rougissant ; une larme lui vint aux yeux et elle ajouta : — Je suis dans la dépendance de M. Rodin, qui m'a placée ici...

— Alors à quoi bon ces soupirs ?

— Malgré soi on a des remords... Mademoiselle... est si bonne... si confiante...

— Elle est parfaite assurément, mais vous n'êtes pas ici pour me faire son éloge... Qu'y a-t-il ensuite ?

— L'ouvrier qui a hier retrouvé et rapporté Lutine est venu tout à l'heure demander à parler à mademoiselle.

— Et cet homme... est-il encore chez elle?

— Je l'ignore... il entrait seulement lorsque je suis sortie avec la lettre...

— Vous vous arrangerez pour savoir ce qu'est venu faire cet ouvrier chez mademoiselle;... vous trouverez un prétexte pour revenir dans la journée m'en instruire.

— Oui, madame...

— Mademoiselle a-t-elle paru préoccupée, inquiète, effrayée de l'entrevue qu'elle doit avoir aujourd'hui avec la princesse? Elle cache si peu ce qu'elle pense que vous devez le savoir.

— Mademoiselle a été gaie comme à l'ordinaire, elle a même plaisanté là-dessus...

— Ah! elle a plaisanté... — dit la duègne.

Et elle ajouta entre ses dents sans que Florine pût l'entendre:

— Rira bien qui rira le dernier; malgré son audace et son caractère diabolique... elle tremblerait, elle demanderait grâce... si elle savait ce qui l'attend aujourd'hui...

Puis s'adressant à Florine :

— Retournez au pavillon et défendez-vous, je vous le conseille, de ces beaux scrupules qui pourraient vous jouer un mauvais tour, ne l'oubliez pas.

— Je ne peux pas oublier que je ne m'appartiens plus, madame...

— A la bonne heure et à tantôt.

Florine quitta le grand hôtel et traversa le parc pour regagner le pavillon.

Madame Grivois se rendit aussitôt auprès de la princesse de Saint-Dizier.

CHAPITRE II.

UNE JÉSUITESSE.

Pendant que les scènes précédentes se passaient dans la rotonde Pompadour, occupée par mademoiselle de Cardoville, d'autres événements avaient lieu dans le grand hôtel occupé par madame la princesse de Saint-Dizier.

L'élégance et la somptuosité du pavillon du jardin contrastaient étrangement avec le sombre intérieur de l'hôtel, dont la princesse habitait le premier étage; car la disposition du rez-de-chaussée ne le rendait propre qu'à donner des fêtes; et depuis long-temps madame de Saint-Dizier avait renoncé à ces splendeurs mondaines; la gravité de ses domestiques, tous âgés et vêtus de noir, le profond silence qui régnait dans sa demeure, où l'on ne parlait pour ainsi dire qu'à voix basse, la régularité presque monastique de cette immense maison donnaient à l'entourage de la princesse un caractère triste et sévère.

Un homme du monde, qui joignait un grand courage à une rare indépendance de caractère, parlant de madame la princesse de Saint-Dizier (à qui Adrienne de Cardoville *allait*, selon son expression, *livrer une grande bataille*), disait ceci :

« Afin de ne pas avoir madame de Saint-
» Dizier pour ennemie, moi qui ne suis ni
» plat ni lâche, j'ai, pour la première fois de
» ma vie, fait une platitude et une lâcheté. »

Et cet homme parlait sincèrement.

Mais madame de Saint-Dizier n'était pas tout d'abord arrivée à ce haut degré d'*importance*.

Quelques mots sont nécessaires pour poser nettement diverses phases de la vie de cette femme dangereuse, implacable, qui, par son affiliation à l'ORDRE, avait acquis une puissance occulte et formidable ; car il y a quel-

que chose de plus menaçant encore qu'un
jésuite... c'est une *jésuitesse;* et quand on a vu
un certain monde, on sait qu'il existe malheureusement beaucoup de ces affiliées, de
robe plus ou moins courte (1).

Madame de Saint-Dizier, autrefois fort belle,
avait été, pendant les dernières années de
l'Empire et les premières années de la Restauration, une des femmes les plus à la mode
de Paris, d'un esprit remuant, actif, aventureux, dominateur, d'un cœur froid et d'une
imagination vive; elle s'était extrêmement
livrée à la galanterie, non par tendresse de
cœur, mais par amour de l'intrigue, qu'elle
aimait comme les hommes aiment le jeu... à
cause des émotions qu'elle procure.

Malheureusement tel avait toujours été
l'aveuglement ou l'insouciance de son mari
le prince de Saint-Dizier (frère aîné du comte
de Rennepont, duc de Cardoville, père d'Adrienne), que, durant sa vie, il ne dit jamais
un mot qui pût faire penser qu'il soupçonnait
les aventures de sa femme.

(1) On sait que les membres laïques de l'ordre se nomment jésuites de *robe courte.*

Aussi, ne trouvant pas sans doute assez de difficultés dans ces liaisons d'ailleurs si commodes sous l'empire, la princesse, sans renoncer à la galanterie, crut lui donner plus de mordant, plus de verdeur en la compliquant de quelques intrigues politiques.

S'attaquer à Napoléon, creuser une mine sous les pieds du colosse, cela du moins promettait des émotions capables de satisfaire le caractère le plus exigeant.

Pendant quelque temps tout alla pour le mieux; jolie et spirituelle, adroite et fausse, perfide et séduisante, entourée d'adorateurs qu'elle fanatisait, mettant une sorte de coquetterie féroce à leur faire jouer leurs têtes dans de graves complots, la princesse espéra ressusciter la Fronde et entama une correspondance secrète très-active avec quelques personnages influents à l'étranger, bien connus pour leur haine contre l'Empereur et contre la France; de là datèrent ses premières relations épistolaires avec le marquis d'Aigrigny, alors colonel au service de Russie et aide-de-camp de Moreau.

Mais un jour toutes ces belles menées furent découvertes, plusieurs chevaliers de madame de Saint-Dizier furent envoyés à Vincennes, et l'Empereur, qui aurait pu sévir terriblement, se contenta d'exiler la princesse dans une de ses terres près de Dunkerque.

A la restauration les *persécutions* dont madame de Saint-Dizier avait souffert pour la bonne cause lui furent comptées, et elle acquit même alors une assez grande influence malgré la légèreté de ses mœurs.

Le marquis d'Aigrigny ayant pris du service en France, s'y était fixé; il était charmant et aussi fort à la mode; il avait correspondu et conspiré avec la princesse sans la connaître; ces *précédents* amenèrent nécessairement entre eux une liaison.

L'amour-propre effréné, le goût des plaisirs bruyants, de grands besoins de haine, d'orgueil et de domination, l'espèce de sympathie mauvaise dont l'attrait perfide rapproche les natures perverses sans les confondre, avaient fait de la princesse et du marquis plutôt deux complices que deux amants. Cette liaison basée sur des sentiments égoïstes, amers, sur l'appui redoutable que deux caractères de cette trempe dangereuse pouvaient se prêter contre un monde où leur esprit d'intrigue, de galanterie et de dénigrement leur avait fait beaucoup d'ennemis ; cette liaison dura jusqu'au moment où, après son duel avec le général Simon, le marquis entra au séminaire sans que l'on connût la cause de cette résolution subite.

La princesse, ne trouvant pas l'heure de la conversion sonnée pour elle, continua de s'abandonner au tourbillon du monde avec une ardeur âpre, jalouse, haineuse, car elle voyait finir toutes ses belles années.

On jugera, par le fait suivant, du caractère de cette femme :

Encore fort agréable elle voulut terminer sa vie mondaine par un éclatant et dernier triomphe, ainsi qu'une grande comédienne sait se retirer à temps du théâtre afin de laisser des regrets. Voulant donner cette consolation suprême à sa vanité, la princesse choisit habilement ses victimes ; elle avisa dans le monde un jeune couple qui s'idolâtrait, et, à force d'astuce, de manége, elle enleva l'amant à sa maîtresse, ravissante femme de dix-huit ans dont il était adoré. Ce succès bien constaté, madame de Saint-Dizier quitta le monde dans tout l'éclat de son aventure. Après plusieurs longs entretiens avec l'abbé-marquis d'Aigrigny, alors prédicateur fort renommé, elle partit brusquement de Paris et alla passer deux ans dans sa terre près de Dunkerque, où elle n'emmena qu'une de ses femmes, madame Grivois.

Lorsque la princesse revint on ne put reconnaître cette femme autrefois frivole, galante et dissipée; la métamorphose était complète, extraordinaire, presque effrayante. L'hôtel de Saint-Dizier, jadis ouvert aux joies, aux fêtes, aux plaisirs, devint silencieux et austère; au lieu de ce qu'on appelle *monde élégant,* la princesse ne reçut plus chez elle que des femmes d'une dévotion retentissante; des hommes importants mais cités pour la sévérité outrée de leurs principes religieux et monarchiques. Elle s'entoura surtout de certains membres considérables du haut clergé;

une congrégation de femmes fut placée sous son patronage, elle eut confesseur, chapelle, aumônier et même directeur : mais ce dernier exerçait *in partibus;* le marquis-abbé d'Aigrigny resta véritablement son guide spirituel : il est inutile de dire que depuis long-temps leurs relations de galanterie avaient complétement cessé.

Cette conversion soudaine, complète et surtout très-bruyamment prônée, frappa le plus grand nombre d'admiration et de respect; quelques-uns, plus pénétrants, sourirent.

Un trait, entre mille, fera connaître l'effrayante puissance que la princesse avait acquise depuis son affiliation. Ce trait montrera aussi le caractère souterrain, vindicatif et impitoyable de cette femme, qu'Adrienne de Cardoville s'apprêtait si imprudemment à braver.

Parmi les personnes qui sourirent plus ou moins de la conversion de madame de Saint-Dizier, se trouvait le jeune et charmant couple qu'elle avait désuni si cruellement avant de quitter pour toujours la scène galante du monde : tous deux, plus passionnés que jamais, s'étaient réunis dans leur amour après cet orage passager, bornant leur vengeance à quelques piquantes plaisanteries sur la conversion de la femme qui leur avait fait tant de mal...

Quelque temps après, une terrible fatalité s'appesantissait sur les deux amants.

Un mari, jusqu'alors aveugle..... était brusquement éclairé par des révélations anonymes ; un épouvantable éclat s'ensuivit, la jeune femme fut perdue.

Quant à l'amant, des bruits vagues, peu précisés mais remplis de réticences perfidement calculées et mille fois plus odieuses qu'une accusation formelle, que l'on peut au moins combattre et détruire, étaient répandus sur lui avec tant de persistance, avec une si diabolique habileté et par des voies si diverses, que ses meilleurs amis se retirèrent peu à peu de lui; subissant à leur insu l'influence lente et irrésistible de ce bourdonnement incessant et confus qui pourtant peut se résumer par ceci :

— Eh bien ! vous savez ! — ***?
— Non !

— On dit de bien vilaines choses sur lui !

— Ah, vraiment ! Et quoi donc ?

— Je ne sais, de mauvais bruits... des rumeurs fâcheuses pour son honneur.

— Diable !... c'est grave... Cela m'explique alors pourquoi il est maintenant reçu plus que froidement.

— Quant à moi, désormais je l'éviterai.

— Et moi aussi, etc., etc.

Le monde est ainsi fait, qu'il n'en faut souvent pas plus pour flétrir un homme auquel d'assez grands succès ont mérité beaucoup d'envieux. C'est ce qui arriva à l'homme dont nous parlons. Le malheureux, voyant le vide se former autour de lui, sentant, pour ainsi dire, la terre manquer sous ses pieds, ne savait où chercher, où prendre l'insaisissable ennemi dont il sentait les coups; car jamais il ne lui était venu à la pensée de soupçonner la princesse, qu'il n'avait pas revue depuis son aventure avec elle. Voulant à toute force savoir la cause de cet abandon et de ces mépris, il s'adressa à un de ses anciens amis. Celui-ci lui répondit d'une manière dédaigneusement évasive ; l'autre s'emporta, demanda satisfaction... Son adversaire lui dit :

— Trouvez deux témoins de votre connaissance et de la mienne... et je me bats avec vous.

Le malheureux n'en trouva pas un...

Enfin, délaissé par tous, sans avoir jamais pu s'expliquer ce délaissement, souffrant atrocement du sort de la femme qui avait été perdue pour lui, il devint fou de douleur, de rage, de désespoir, et se tua...

Le jour de sa mort, madame de Saint-Dizier dit qu'une vie aussi honteuse devait avoir nécessairement une pareille fin; que celui qui pendant si long-temps s'était fait un jeu des lois divines et humaines ne pouvait terminer sa misérable vie que par un dernier crime... le suicide!... Et les amis de madame de Saint-Dizier répétèrent et colportèrent ces terribles paroles d'un air contrit, béat et convaincu.

Ce n'était pas tout, à côté du châtiment se trouvait la récompense.

Les gens qui observent remarquaient que les favoris de la coterie religieuse de madame de Saint-Dizier arrivaient à de hautes positions avec une rapidité singulière. Les jeunes gens *vertueux*, et puis religieusement assidus aux prônes, étaient mariés à de riches orphelines du *Sacré-Cœur*, que l'on tenait en réserve; pauvres jeunes filles qui apprenant trop tard ce que c'est qu'un mari dévot, choisi et imposé par des dévotes, expiaient souvent par des larmes bien amères la trompeuse faveur d'être ainsi admises parmi ce monde hypocrite et faux où elles se trouvaient étrangères, sans appui, et qui les écrasait si elles osaient se plaindre de l'union à laquelle on les avait condamnées.

Dans le salon de madame de Saint-Dizier se faisaient des préfets, des colonels, des receveurs-généraux, des députés, des académiciens, des évêques, des pairs de France, auxquels on ne demandait, en retour du tout-puissant appui qu'on leur donnait, que d'affecter des dehors pieux, de communier quelquefois en public, de jurer une guerre acharnée à tout ce qui était impie ou révolutionnaire et surtout de correspondre confidentiellement, sur *différents sujets de son choix*, avec l'abbé d'Aigrigny; distraction fort agréable d'ailleurs, car l'abbé était l'homme du monde le plus aimable, le plus spirituel et surtout le plus accommodant.

Voici à ce propos un fait *historique* qui a manqué à l'ironie amère et vengeresse de Molière ou de Pascal.

C'était pendant la dernière année de la Restauration; un des haut dignitaires de la cour, homme indépendant et ferme, ne *pratiquait pas*, comme disent les bons pères, c'est-à-dire qu'il ne communiait pas. L'évidence où le mettait sa position pouvait rendre cette indifférence d'un fâcheux exemple; on lui dépêcha l'abbé-marquis d'Aigrigny : celui-ci connaissant le caractère honorable et élevé du récalcitrant, sentit que s'il pouvait l'amener à *pratiquer* par quelque moyen que ce fût, l'*effet* serait des meilleurs; en homme d'esprit et sachant à qui il s'adressait, l'abbé fit bon marché du dogme, du fait religieux en lui-même, il ne parla que des convenances, de l'exemple salutaire qu'une pareille résolution produirait sur le public.

» — Monsieur l'abbé — dit l'autre — je
» respecte plus la religion que vous-même, je

» regarderais comme une jonglerie infâme
» de communier sans conviction.

» — Allons, allons, homme intraitable,
» *Alceste* renfrogné — dit le marquis-abbé en
» souriant finement — on mettra d'accord
» vos scrupules et le profit que vous au-
» rez, croyez-moi, à m'écouter : *on vous mé-*
» *nagera* une COMMUNION BLANCHE, car, après
» tout, que demandons-nous ? l'apparence. »

Or une *communion blanche* se pratique avec une hostie non consacrée.

L'abbé-marquis en fut pour ses offres rejetées avec indignation; mais l'homme de cour fut destitué.

Et cela n'était pas un fait isolé; malheur à ceux qui se trouvaient en opposition de principes et d'intérêts avec madame de Saint-Dizier ou ses amis : tôt ou tard, directement ou indirectement, ils se voyaient frappés d'une manière cruelle, presque toujours irréparable; ceux-ci dans leurs relations les plus chères, ceux-là dans leur crédit; d'autres dans leur honneur, d'autres enfin dans les fonctions officielles dont ils vivaient; et cela par l'action sourde, latente, continue, d'un dissolvant terrible et mystérieux, qui minait invisiblement les réputations, les fortunes, les positions les plus solidement établies, jusqu'au moment où elles s'abîmaient à jamais au milieu de la surprise et de l'épouvante générale.

On concevra maintenant que sous la Restauration la princesse de Saint-Dizier fût devenue singulièrement influente et redoutable. Lors de la révolution de juillet, elle s'était *ralliée :* et, chose bizarre ! tout en conservant des relations de famille et de société avec quelques personnes très-fidèles au culte de la monarchie déchue, on lui attribuait encore beaucoup d'action et de pouvoir.

Disons enfin que le prince de Saint-Dizier étant décédé sans enfants depuis plusieurs années, sa fortune personnelle, très-considérable, était retournée à son frère puîné, le père d'Adrienne de Cardoville; ce dernier étant mort depuis dix-huit mois, cette jeune fille se trouvait donc alors la dernière et seule représentante de cette branche de la famille des Rennepont.

La princesse de Saint-Dizier attendait sa

nièce dans un assez grand salon tendu de damas vert-sombre; les meubles recouverts de pareille étoffe étaient d'ébène sculpté, ainsi que la bibliothèque remplie de livres pieux. Quelques tableaux de sainteté, un grand christ d'ivoire sur un fond de velours noir achevaient de donner à cette pièce une apparence austère et lugubre.

Madame de Saint-Dizier, assise devant un grand bureau, achevait de cacheter plusieurs lettres, car elle avait une correspondance fort étendue et fort variée. Alors âgée de quarante-cinq ans environ, elle était belle encore; les années avaient épaissi sa taille, qui, autrefois d'une élégance remarquable, se dessinait pourtant encore assez avantageusement sous sa robe noire montante. Son bonnet fort simple, orné de rubans gris, laissait voir ses cheveux blonds lissés en épais bandeaux.

Au premier abord on restait frappé de son air à la fois digne et simple; on cherchait en vain, sur cette physionomie alors remplie de componction et de calme, la trace des agitations de sa vie passée; à la voir si naturellement grave et réservée, l'on ne pouvait s'habituer à la croire l'héroïne de tant d'intrigues, de tant d'aventures galantes; bien plus, si par hasard elle entendait un propos quelque peu léger, la figure de cette femme, qui avait fini par se croire environ une mère de l'Église, exprimait aussitôt un étonnement candide et douloureux, qui se changeait bientôt en un air de chasteté révoltée et de commisération dédaigneuse.

Du reste, lorsqu'il le fallait, le sourire de la princesse était encore rempli de grâce et même d'une séduisante et irrésistible bonhomie, son grand œil bleu savait, à l'occasion, devenir affectueux et caressant; mais si l'on osait froisser son orgueil, contrarier ses volontés ou nuire à ses intérêts, et qu'elle pût sans se commettre laisser éclater ses ressentiments, alors sa figure, habituellement placide et sérieuse, trahissait une froide et implacable méchanceté.

A ce moment madame Grivois entra dans le cabinet de la princesse, tenant à la main le *rapport* que Florine venait de lui remettre sur la matinée d'Adrienne de Cardoville.

Madame Grivois était depuis vingt ans au

service de madame de Saint-Dizier, elle savait tout ce qu'une femme de chambre intime peut et doit savoir de sa maîtresse lorsque celle-ci a été fort galante. Était-ce volontairement que la princesse avait conservé ce témoin si bien instruit des nombreuses erreurs de sa jeunesse, c'est ce que l'on ignorait généralement. Ce qui demeurait évident, c'est que madame Grivois jouissait auprès de la princesse de grands priviléges, et qu'elle était plutôt considérée par elle comme une femme de compagnie que comme une femme de chambre.

— Voici, madame, les notes de Florine — dit madame Grivois en remettant le papier à la princesse.

— J'examinerai cela *tout à l'heure* — répondit madame de Saint-Dizier; — mais, dites-moi, ma nièce va se rendre ici. Pendant la conférence à laquelle elle va assister, vous conduirez dans son pavillon une personne qui doit bientôt venir et qui vous demandera de ma part.

— Bien, madame.

— Cet homme fera un inventaire exact de

tout ce que renferme le pavillon qu'Adrienne habite. Vous veillerez à ce que rien ne soit omis : ceci est de la plus grande importance.

— Oui, madame... Mais si Georgette ou Hébé veulent s'opposer...

— Soyez tranquille, l'homme chargé de cet inventaire a une qualité telle, que, lorsqu'elles le connaîtront, ces filles n'oseront s'opposer ni à cet inventaire, ni aux autres mesures qu'il a encore à prendre... Il ne faudrait pas manquer, tout en l'accompagnant, d'insister sur certaines particularités destinées à confirmer les bruits que vous avez répandus depuis quelque temps...

— Soyez tranquille, madame, ces bruits ont maintenant la consistance d'une vérité...

— Bientôt enfin cette Adrienne si insolente et si hautaine sera donc brisée et forcée de demander grâce... et à moi encore...

Un vieux valet de chambre ouvrit les deux battants de la porte et annonça :

— M. l'abbé d'Aigrigny !

— Si mademoiselle de Cardoville se présente — dit la princesse à madame Grivois — vous la prierez d'attendre un instant.

— Oui, madame... — dit la duègne, qui sortit avec le valet de chambre.

Madame de Saint-Dizier et M. d'Aigrigny restèrent seuls.

CHAPITRE III.

LE COMPLOT.

L'abbé-marquis d'Aigrigny était, on l'a facilement deviné, le personnage que l'on a déjà vu rue du Milieu-des-Ursins, d'où il était parti pour Rome il y avait de cela trois mois environ.

Le marquis était vêtu de grand deuil, avec son élégance accoutumée. Il ne portait pas de soutane; sa redingote noire, assez juste, et son gilet bien serré aux hanches faisaient valoir l'élégance de sa taille; son pantalon de casimir noir découvrait son pied parfaitement chaussé de brodequins vernis; enfin sa tonsure disparaissait au milieu de la légère calvitie qui avait un peu dégarni la partie postérieure de sa tête. Rien dans son costume ne décelait, pour ainsi dire, le prêtre, sauf peut-être le manque absolu de favoris, remarquable sur une figure aussi virile; son menton, fraîchement rasé, s'appuyait sur une haute et ample cravate noire nouée avec une crânerie militaire qui rappelait que cet abbé-marquis, que ce prédicateur en renom, alors l'un des chefs les plus actifs et les plus influents de son ordre, avait, sous la Restauration, commandé un régiment de hussards après avoir fait la guerre avec les Russes contre la France.

Arrivé seulement le matin, le marquis n'avait pas revu la princesse depuis que sa mère à lui, la marquise douairière d'Aigrigny, était morte auprès de Dunkerque, dans une terre appartenant à madame de Saint-Dizier, en appelant en vain son fils pour adoucir l'amertume de ses derniers moments; mais un ordre auquel M. d'Aigrigny avait dû sacrifier les sentiments les plus sacrés de la nature lui ayant été subitement transmis de Rome, il était aussitôt parti pour cette ville : non sans un mouvement d'hésitation remarqué et dénoncé par Rodin; car l'amour de M. d'Aigrigny pour sa mère avait été le seul sentiment pur qui eût constamment traversé sa vie.

Lorsque le valet de chambre se fut discrètement retiré avec madame Grivois, le marquis s'approcha vivement de la princesse, lui tendit la main, et lui dit d'une voix émue :

— Herminie... ne m'avez-vous pas caché quelque chose dans vos lettres?... A ses derniers moments, ma mère m'a maudit!

— Non, non, Frédérik... rassurez-vous... Elle eût désiré votre présence... Mais bientôt ses idées se sont troublées, et dans son délire... c'était encore vous... qu'elle appelait...

— Oui — dit le marquis avec amertume — son instinct maternel lui disait sans doute que ma présence aurait peut-être pu la rendre à la vie...

— Je vous en prie... bannissez de si tristes souvenirs... Ce malheur est irréparable.

— Une dernière fois, répétez-le-moi... vraiment, ma mère n'a pas été cruellement affectée de mon absence?.. Elle n'a pas soupçonné qu'un devoir plus impérieux m'appelait ailleurs?

— Non, non, vous dis-je... Lorsque sa raison s'est machinalement troublée, il s'en fallait beaucoup que vous eussiez eu déjà le temps d'être rendu auprès d'elle... Tous les tristes détails que je vous ai écrits à ce sujet sont de la plus exacte vérité. Ainsi rassurez-vous...

— Oui... ma conscience devrait être tranquille... j'ai obéi à mon devoir en sacrifiant ma mère, et pourtant, malgré moi, je n'ai jamais pu parvenir à ce complet détachement qui nous est commandé par ces terribles paroles : — *Celui qui ne hait pas son père et sa mère et jusqu'à son âme ne peut être mon disciple* (1).

— Sans doute, Frédérik, ces renoncements sont pénibles ; mais en échange que d'influence... que de pouvoir !

— Il est vrai — dit le marquis après un moment de silence — que ne sacrifierait-on

---

(1) A propos de cette recommandation, on trouve ce commentaire dans les *Constitutions des Jésuites* :

« Pour que le caractère du langage vienne au secours des sentiments, il est sage de s'habituer à dire non pas J'AI des parents ou J'AI des frères, mais J'AVAIS des parents, J'AVAIS des frères. » (*Examen général*, p. 29, *Constitutions*.)

pas pour régner dans l'ombre, sur ces tout-puissants de la terre qui règnent au grand jour ! Ce voyage à Rome que je viens de faire... m'a donné une nouvelle idée de notre formidable pouvoir ; car, voyez-vous, Herminie, c'est surtout de Rome, de ce point culminant qui, quoi qu'on fasse, domine encore la plus belle, la plus grande partie du monde, soit par la force de l'habitude ou de la tradition, soit par la foi... c'est de ce point surtout qu'on peut embrasser notre action dans toute son étendue... C'est un curieux spectacle de voir de si haut le jeu régulier de ces milliers d'instruments, dont la personnalité s'absorbe continuellement dans l'immuable personnalité de notre ordre... Quelle puissance nous avons !... vraiment, je suis toujours saisi d'un sentiment d'admiration presque effrayée en songeant qu'avant de nous appartenir, l'homme pense, veut, croit, agit à son gré... et que lorsqu'il est à nous, au bout de quelques mois... de l'homme il n'a plus que l'enveloppe : intelligence, esprit, raison, conscience, libre arbitre, tout est chez lui paralysé, desséché, atrophié, par l'habitude d'une obéissance muette et terrible, par la pratique de mystérieux exercices, qui brisent et tuent tout ce qu'il y a de libre et de spontané dans la pensée humaine. Alors à ces corps privés d'âme, muets, mornes, froids comme des cadavres, nous insufflons l'esprit de notre ordre; aussitôt ces cadavres marchent, vont, agissent, exécutent, mais sans sortir du cercle où ils sont à jamais enfermés; c'est ainsi qu'ils deviennent membres de ce corps gigantesque dont ils exécutent machinalement la volonté, mais dont ils ignorent les desseins, ainsi que la main exécute les travaux les plus difficiles sans connaître, sans comprendre la pensée qui la dirige.

En parlant ainsi, la physionomie du marquis d'Aigrigny prenait une incroyable expression de superbe et de domination hautaine.

— Oh! oui, cette puissance est grande, bien grande — dit la princesse — et d'autant plus formidable qu'elle s'exerce mystérieusement sur les esprits et sur les consciences.

— Tenez — Herminie — dit le marquis — j'ai eu sous mes ordres un régiment magnifique; rien n'était plus éclatant que l'uniforme de mes hussards; bien souvent, le matin, par un beau soleil d'été, sur un vaste champ de manœuvres, j'ai éprouvé la mâle et profonde jouissance du commandement... à ma voix, mes cavaliers s'ébranlaient, les fanfares sonnaient, les plumes flottaient, les sabres luisaient, mes officiers, étincelants de broderies d'or, couraient au galop répéter mes ordres : ce n'était que bruit, lumière, éclat; tous ces soldats braves, ardents, cicatrisés par la bataille, obéissaient à un signe, à une parole de moi, je me sentais fier et fort, tenant pour ainsi dire dans ma main tous ces courages que je maîtrisais, comme je maîtrisais la fougue de mon cheval de bataille... Eh bien ! aujourd'hui, malgré nos mauvais jours... moi qui ai long-temps et bravement fait la guerre, je puis le dire sans vanité; aujourd'hui, à cette heure, je me sens mille fois plus d'action, plus d'autorité, plus de force, plus d'audace, à la tête de cette milice noire et muette, qui pense, veut, va et obéit machinalement selon que je dis, qui d'un signe se disperse sur la surface du

4.

globe, ou se glisse doucement dans le ménage par la confession de la femme et par l'éducation de l'enfant, dans les intérêts de famille par les confidences des mourants, sur le trône par la conscience inquiète d'un roi crédule et timoré, à côté du saint-père enfin... cette manifestation vivante de la divinité, par les services qu'on lui rend ou qu'on lui impose... Encore une fois, dites : cette domination mystérieuse qui s'étend depuis le berceau jusqu'à la tombe, depuis l'humble ménage de l'artisan jusqu'au trône... depuis le trône jusqu'au siége sacré du vicaire de Dieu ; cette domination n'est-elle pas faite pour allumer ou satisfaire la plus vaste ambition ? Quelle carrière au monde m'eût offert ces splendides jouissances ? quel profond dédain ne dois-je pas avoir pour cette vie frivole et brillante d'autrefois, qui, pourtant, nous faisait tant d'envieux, Herminie ? Vous en souvenez-vous ?
— ajouta d'Aigrigny avec un sourire amer.

— Combien vous avez raison, Frédérik ! — reprit vivement la princesse... — Avec quel mépris on songe au passé !... Comme vous, souvent, je compare le passé au présent, et alors quelle satisfaction je ressens d'avoir suivi vos conseils! Car enfin, n'est-ce pas à vous que je dois de ne pas jouer le rôle misérable et ridicule que joue toujours une femme sur le retour lorsqu'elle a été belle et entourée!... Que ferais-je à cette heure? Je m'efforcerais, en vain, de retenir autour de moi ce monde égoïste et ingrat, ces hommes grossiers qui ne s'occupent des femmes que tant qu'elles peuvent servir à leurs passions ou flatter leur vanité; ou bien il me resterait la ressource de tenir ce qu'on appelle une maison agréable... pour les autres... oui... de donner des fêtes, c'est-à-dire recevoir une foule d'indifférents, et offrir des occasions de se rencontrer à ces jeunes couples amoureux qui, se suivant chaque soir de salon en salon, ne viennent chez vous que pour se trouver ensemble; stupide plaisir en vérité que d'héberger cette jeunesse épanouie, riante, amoureuse, qui regarde le luxe et l'éclat dont on l'entoure, comme le cadre obligé de ses joies et de ses amours insolents.

Il y avait tant de dureté dans les paroles de la princesse, et sa physionomie exprimait une envie si haineuse, que la violente amertume de ses regrets se trahissait malgré elle.

— Non, non — reprit-elle — grâce à vous, Frédérik, après un dernier et éclatant triomphe, j'ai rompu sans retour avec ce monde qui bientôt m'aurait abandonnée, moi si longtemps son idole et sa reine; j'ai changé de royaume... au lieu d'hommes dissipés, que je dominais par une frivolité supérieure à la leur, je me suis vue entourée d'hommes considérables, redoutés, tout-puissants, dont plusieurs gouvernaient l'État; je me suis dévouée à eux comme ils se sont dévoués à moi. Alors seulement j'ai joui du bonheur que j'avais toujours rêvé... j'ai eu une part active, une forte influence dans les plus grands intérêts du monde; j'ai été initiée aux secrets les plus graves, j'ai pu frapper sûrement qui m'avait raillée ou haïe; j'ai pu élever au delà de leurs espérances ceux qui me servaient, me respectaient et m'obéissaient.

— En quelques mots, Herminie, vous venez de résumer ce qui fera toujours notre force... en nous recrutant des prosélytes... « Trouver la facilité de satisfaire sûrement

» ses haines et ses sympathies, et acheter au
» prix d'une obéissance passive à la hiérar-
» chie de l'ordre sa part de mystérieuse do-
» mination sur le reste du monde... »

— Et il y a des fous... des aveugles qui nous croient abattus parce que nous avons à lutter contre quelques mauvais jours — dit M. d'Aigrigny avec dédain — comme si nous n'étions pas surtout fondés, organisés pour la lutte... comme si dans la lutte nous ne puisions pas une force, une activité nouvelle... Sans doute les temps sont mauvais... mais ils deviendront meilleurs... Et, vous le savez, il est presque certain que dans quelques jours, le 13 février, nous disposerons d'un moyen d'action assez puissant pour rétablir notre influence un moment ébranlée...

— Vous voulez parler de l'affaire des médailles!...

— Sans doute, et je n'avais autant de hâte d'être de retour ici que pour assister à ce qui, pour nous, est un si grand événement.

— Vous avez su... la fatalité qui encore une fois a failli renverser tant de projets si laborieusement conçus...

— Oui, tout à l'heure en arrivant j'ai vu Rodin...

— Il vous a dit...

— L'inconcevable arrivée de l'Indien et des filles du général Simon au château de Cardoville après le double naufrage qui les a jetés sur la côte... de Picardie... Et l'on croyait les jeunes filles à Leipsick... l'Indien à Java... les précautions étaient si bien prises... En vérité — ajouta le marquis avec dépit — on dirait qu'une invisible puissance protége toujours cette famille!

— Heureusement, Rodin est homme de ressources et d'activité — reprit la princesse — il est venu hier soir... nous avons longuement causé.

— Et le résultat de votre entretien... est excellent. Le soldat va être éloigné pendant deux jours... le confesseur de sa femme est prévenu, le reste ira de soi-même après... demain, ces jeunes filles ne seront plus à craindre... Reste l'Indien... il est à Cardoville, dangereusement blessé; nous avons donc du temps pour agir...

— Mais ce n'est pas tout — reprit la princesse — il y a encore, sans compter ma nièce, deux personnes qui, pour nos intérêts, ne doivent pas se trouver à Paris le 13 février.

— Oui, M. Hardy;... mais son ami le plus cher, le plus intime, le trahit; il est à nous, et, par lui, on a attiré M. Hardy dans le Midi, d'où il est presque impossible qu'il revienne avant un mois. Quant à ce misérable ouvrier vagabond, surnommé Couche-tout-Nu...

— Ah!... — fit la princesse avec une exclamation de pudeur révoltée.

— Cet homme ne nous inquiète pas... Enfin Gabriel, sur qui repose notre espoir certain, ne sera pas abandonné d'une minute jusqu'au grand jour;... tout semble donc nous promettre le succès... et plus que jamais... il nous faut à tout prix le succès. C'est pour nous une question de vie ou de mort... car en revenant, je me suis arrêté à Forli... J'ai vu le duc d'Orbano; son influence sur l'esprit du roi est toute-puissante... absolue... il a complétement accaparé son esprit, c'est donc avec le duc seul qu'il est possible de traiter...

— Eh bien?

— D'Orbano se fait fort, et il le peut, je le sais, de nous assurer une existence légale, hautement protégée dans les états de son maître, avec le privilége exclusif de l'éducation de la jeunesse... Grâce à de tels avantages, il ne nous faudrait pas en ce pays plus de deux ou trois ans pour y être tellement enracinés, que ce serait au duc d'Orbano à nous demander appui à son tour; mais aujourd'hui, qu'il peut tout, il met une condition absolue à ses services.

— Et cette condition?

— Cinq millions comptant, et une pension annuelle de cent mille francs.

— C'est beaucoup!...

— Et c'est peu, si l'on songe qu'une fois le pied dans ce pays, on rentrerait promptement dans cette somme qui, après tout, est à peine la huitième partie de celle que l'affaire des médailles, heureusement conduite, doit assurer à l'ordre...

— Oui... près de quarante millions... — dit la princesse d'un air pensif.

— Et encore... ces cinq millions que d'Orbano demande ne seraient qu'une avance...

ils nous rentreraient par les dons volontaires, en raison même de l'accroissement de notre influence par l'éducation des enfants, qui nous donnerait la famille... et peu à peu la confiance de ceux qui gouvernent... Et ils hésitent !... — s'écria le marquis en haussant les épaules avec dédain.. Et il est des gouvernements assez aveugles pour nous proscrire ; ils ne voient donc pas qu'en nous abandonnant l'éducation, ce que nous demandons avant toute chose, nous façonnerons le peuple à cette obéissance muette et morne, à cette soumission de serf et de brute, qui assure le repos des états par l'immobilité de l'esprit ! et quand on songe pourtant que la majorité des classes nobles et de la riche bourgeoisie nous redoute et nous hait ! ces stupides ne comprennent donc pas que, du jour où nous aurons persuadé au peuple que son atroce misère est une loi immuable, éternelle de la destinée ; qu'il doit renoncer au coupable espoir de toute amélioration à son sort ; qu'il doit enfin regarder comme un crime aux yeux de Dieu d'aspirer au bien-être dans ce monde, puisque les récompenses d'en haut sont en raison des douleurs d'ici-bas, de ce jour-là, il faudra bien que le peuple, hébété par cette conviction désespérante, se résigne à croupir dans sa fange et dans sa misère; alors toutes ces impatientes aspirations vers des jours meilleurs seront étouffées, alors seront résolues ces questions menaçantes qui rendent pour les gouvernants l'avenir si sombre et si effrayant.... Ces gens ne voient donc pas que cette foi aveugle, passive, que nous demandons au peuple, nous sert de frein pour le conduire et le mater... tandis que nous ne demandons aux heureux du monde que des apparences qui devraient, s'ils avaient seulement l'intelligence de leur corruption, donner un stimulant de plus à leurs plaisirs.

— Il n'importe, Frédérik— reprit la princesse— ainsi que vous le dites, un grand jour approche... avec près de quarante millions que l'ordre peut posséder par l'heureux succès de l'affaire des médailles... on peut tenter sûrement bien des grandes choses... Comme levier, entre les mains de l'ordre un tel moyen d'action serait d'une portée incalculable, dans ce temps où tout se vend et s'achète.

— Et puis — reprit M. d'Aigrigny d'un air pensif — il ne faut pas se le dissimuler... ici la réaction continue... l'exemple de la France est tout... C'est à peine si en Autriche et en Hollande nous pouvons nous maintenir... les ressources de l'ordre diminuent de jour en jour. C'est un moment de crise; mais il peut se prolonger. Aussi, grâce à cette ressource immense... des médailles, nous pouvons non-seulement braver toutes les éventualités, mais encore nous établir puissamment; grâce à l'offre du duc d'Orbano, que nous acceptons... alors, de ce centre inexpugnable, notre rayonnement serait incalculable... — Ah ! le 13 février ! — ajouta M. d'Aigrigny après un moment de silence, en secouant la tête — le 13 février peut être pour notre puissance une date aussi fameuse que celle du concile de Trente, qui nous a donné, pour ainsi dire, une nouvelle vie.

— Aussi ne faut-il rien épargner — dit la princesse — pour réussir à tout prix... Des six personnes que vous avez à craindre, cinq sont ou seront hors d'état de vous nuire... Il reste donc ma nièce... et vous savez que je n'attendais que votre arrivée pour prendre une dernière résolution... Toutes mes dispositions sont prises, et, ce matin même... nous commencerons à agir.

— Vos soupçons ont-ils augmenté depuis votre dernière lettre?

— Oui... je suis certaine qu'elle est plus instruite qu'elle ne veut le paraître;... et, dans ce cas, nous n'aurions pas de plus dangereuse ennemie.

— Telle a toujours été mon opinion... Aussi, il y a six mois, vous ai-je engagée à prendre en tout cas les mesures que vous avez prises, et qui rendent facile aujourd'hui ce qui sans cela eût été impossible.

— Enfin — dit la princesse avec une expression de joie haineuse et amère — ce caractère indomptable sera brisé; je vais enfin être vengée de tant d'insolents sarcasmes que j'ai été obligée de dévorer pour ne pas éveiller ses soupçons; moi... moi avoir tant supporté jusqu'ici... car cette Adrienne a pris comme à tâche, l'imprudente... de m'irriter contre elle...

— Qui vous offense.. m'offense... vous le savez, Herminie... mes haines sont les vôtres...

— Et vous-même... mon ami... combien de fois avez-vous été en butte à sa poignante ironie !

— Mes instincts m'ont rarement trompé;... je suis certain que cette jeune fille peut être pour nous un ennemi dangereux... très-dangereux — dit le marquis d'une voix brève et dure.

— Aussi faut-il qu'elle ne soit plus à craindre — répondit madame de Saint-Dizier en regardant fixement le marquis.

— Avez-vous vu le docteur Baleinier et M. Tripeaud? — demanda t-il.

— Ils seront ici ce matin... je les ai avertis de tout.

— Vous les avez trouvés bien disposés contre elle?

— Parfaitement... Adrienne ne se défie en rien du docteur, qui a toujours su conserver, jusqu'à un certain point, sa confiance... Du reste une circonstance qui me semble inexplicable vient encore à notre aide.

— Que voulez-vous dire?

— Ce matin, madame Grivois a été, selon mes ordres, rappeler à Adrienne que je l'attendais à midi pour une affaire importante. En approchant du pavillon, madame Grivois a vu ou a cru voir Adrienne rentrer par la petite porte du jardin.

— Que dites-vous!... Serait-il possible ! En a-t-on la preuve positive? — s'écria le marquis.

— Jusqu'à présent il n'y a pas d'autre preuve que la déposition spontanée de madame Grivois; mais, j'y songe — dit la princesse en prenant un papier placé auprès d'elle — voici le rapport que me fait chaque jour une des femmes d'Adrienne.

— Celle que Rodin est parvenu à faire placer auprès de votre nièce?

— Elle-même, et comme cette créature se trouve dans la plus entière dépendance de Rodin elle nous a parfaitement servis jusqu'ici... Peut-être dans ce rapport trouvera-t-on la confirmation de ce que madame Grivois affirme avoir vu.

A peine la princesse eut-elle jeté les yeux sur cette note, qu'elle s'écria, presque avec effroi :

— Que vois-je?... mais c'est donc le démon que cette fille !

— Que dites-vous ?

— Le régisseur de cette terre qu'elle a vendue, en écrivant à Adrienne pour lui demander sa protection, l'a instruite du séjour du prince indien au château. Elle sait qu'il est son parent... et elle vient d'écrire à son ancien professeur de peinture Norval de partir en poste, avec des costumes indiens, des cachemires, afin de ramener ici tout de suite ce prince Djalma... lui... qu'il faut, à tout prix, éloigner de Paris...

Le marquis pâlit et dit à madame de Saint-Dizier :

— S'il ne s'agit pas d'un nouveau caprice de votre nièce... l'empressement qu'elle met à mander ici ce parent... prouve qu'elle en sait encore plus que vous n'aviez osé le soupçonner... Elle est instruite de l'affaire des médailles. Elle peut tout perdre... prenez garde...

— Alors — dit résolument la princesse — il n'y a plus à hésiter... il faut pousser les choses encore plus loin que nous ne l'avions pensé... et que ce matin même tout soit fini...

— Oui... mais c'est presque impossible.

— Tout se peut ; le docteur et M. Tripeaud sont à nous — dit vivement la princesse.

— Quoique je sois aussi sûr que vous-même du docteur... et de M. Tripeaud dans cette circonstance, il ne faudra aborder cette question, qui les effraiera d'abord... qu'après l'entretien que nous allons avoir avec votre nièce... Il vous sera facile, malgré sa finesse, de savoir à quoi nous en tenir... Et si nos soupçons se réalisent... si elle est instruite de ce qu'il serait si dangereux qu'elle sût... alors aucun ménagement, surtout aucun retard. Il faut qu'aujourd'hui même tout soit terminé.

Il n'y a pas à hésiter.

— Avez-vous pu faire prévenir l'homme en question ? — dit la princesse après un moment de silence.

— Il doit être ici... à midi... il ne peut tarder.

— J'ai pensé que nous serions ici très-commodément pour ce que nous voulons... cette pièce n'est séparée du petit salon que par une portière, on l'abaissera... et votre homme pourra se placer derrière.

— A merveille.

— C'est un homme sûr...

— Très-sûr.... nous l'avons déjà souvent employé dans des circonstances pareilles; il est aussi habile que discret...

A ce moment on frappa légèrement à la porte.

— Entrez ! — dit la princesse.

— M. le docteur Baleinier fait demander si madame la princesse peut le recevoir — dit un valet de chambre.

— Certainement, priez-le d'entrer.

— Il y a aussi un monsieur à qui M. l'abbé a donné rendez-vous ici à midi, et que selon ses ordres j'ai fait attendre dans l'oratoire.

— C'est l'homme en question — dit le marquis à la princesse — il faudrait d'abord l'introduire; il est inutile, quant à présent, que le docteur Baleinier le voie.

5.

— Faites venir d'abord cette personne — dit la princesse — puis, lorsque je sonnerai, vous prierez M. le docteur Baleinier d'entrer; dans le cas où M. le baron Tripeaud se présenterait, vous le conduiriez de même ici; ensuite ma porte sera absolument fermée, excepté pour mademoiselle Adrienne.

Le valet de chambre sortit.

CHAPITRE IV.

LES ENNEMIS D'ADRIENNE.

Le valet de chambre de la princesse de Saint-Dizier rentra bientôt avec un petit homme pâle, vêtu de noir et portant des lunettes; il avait sous son bras gauche un assez long étui de maroquin noir.

La princesse dit à cet homme :

— M. l'abbé vous a prévenu de ce qu'il y avait à faire?

— Oui, madame — dit l'homme d'une petite voix grêle et flûtée en faisant un profond salut.

— Serez-vous convenablement dans cette pièce? — lui dit la princesse.

Et ce disant, elle le conduisit à une chambre voisine, seulement séparée de son cabinet par une portière...

— Je serai là très-convenablement, madame la princesse — répondit l'homme aux lunettes avec un nouveau et profond salut.

— En ce cas, monsieur, veuillez entrer dans cette chambre, j'irai vous avertir lorsqu'il en sera temps...

— J'attendrai vos ordres, madame la princesse.

— Et rappelez-vous surtout mes recommandations — ajouta le marquis en détachant les embrasses de la portière.

— M. l'abbé peut être tranquille...

La portière de lourde étoffe retomba et cacha ainsi complétement l'homme aux lunettes.

La princesse sonna ; quelques moments après, la porte s'ouvrit, et on annonça le docteur Baleinier, l'un des personnages importants de cette histoire.

Le docteur Baleinier avait cinquante ans environ, une taille moyenne, replète, la figure pleine, luisante et colorée. Ses cheveux gris, très-lisses et assez longs, séparés par une raie au milieu du front, s'aplatissaient sur les tempes; il avait conservé l'usage de la culotte courte en drap de soie noire, peut être encore parce qu'il avait la jambe belle; des boucles d'or nouaient ses jarretières et les attaches de ses souliers de maroquin bien luisants; il portait un gilet, un habit et une cravate noire, ce qui lui donnait l'air quelque peu clérical; sa main blanche et potelée disparaissait à demi cachée sous une manchette de batiste à petits plis, et la gravité de son costume n'en excluait pas la recherche.

Sa physionomie était souriante et fine, son petit œil gris annonçait une pénétration et une sagacité rare; homme du monde et de plaisir, gourmet très-délicat, spirituel causeur, prévenant jusqu'à l'obséquiosité, souple, adroit, insinuant, le docteur Baleinier était l'une des plus anciennes créatures de la coterie congréganiste de la princesse de Saint-Dizier.

Grâce à cet appui tout-puissant dont on ignorait la cause, le docteur, long-temps ignoré malgré un savoir réel et un mérite incontestable, s'était trouvé nanti sous la Restauration de deux sinécures médicales très-lucratives, et peu à peu d'une nombreuse clientèle; mais il faut dire qu'une fois sous le patronage de la princesse, le docteur se prit tout à coup à observer scrupuleusement ses devoirs religieux; il communia une fois la semaine et très-publiquement, à la grand'messe de Saint-Thomas-d'Aquin.

Au bout d'un an, une certaine classe de malades, entraînée par l'exemple et par l'enthousiasme de la coterie de madame de Saint-Dizier, ne voulut plus d'autre médecin que le docteur Baleinier, et sa clientèle prit bientôt un accroissement extraordinaire.

On juge facilement de quelle importance il était pour l'ordre d'avoir parmi ses *membres externes* l'un des praticiens les plus répandus de Paris.

Un médecin a aussi son sacerdoce.

Admis à toute heure dans la plus secrète intimité de la famille, un médecin sait, devine, peut aussi bien des choses...

Enfin, comme le prêtre, il a l'oreille des malades et des mourants.

Or, lorsque celui qui est chargé du salut du corps, et celui qui est chargé du salut de l'âme, s'entendent et s'entr'aident dans un intérêt commun, il n'est rien... (certains cas échéants) qu'ils ne puissent obtenir de la faiblesse ou de l'épouvante d'un agonisant, non pour eux-mêmes, les lois s'y opposent, mais pour des tiers appartenant plus ou moins à la classe si commode des *hommes de paille*.

Le docteur Baleinier était donc l'un des membres externes les plus actifs et les plus précieux de la congrégation de Paris.

Lorsqu'il entra, il alla baiser la main de la princesse avec une galanterie parfaite.

— Toujours exact, mon cher monsieur Baleinier.

— Toujours heureux, toujours empressé de me rendre à vos ordres, madame — puis se retournant vers le marquis, auquel il serra cordialement la main, il ajouta :

— Enfin, vous voilà... savez-vous que trois mois, c'est bien long pour vos amis...

— Le temps est aussi long pour ceux qui partent que pour ceux qui restent, mon cher docteur... Eh bien ! voilà le grand jour.... mademoiselle de Cardoville va venir...

— Je ne suis pas sans inquiétude — dit la princesse — si elle avait quelque soupçon ?

— C'est impossible — dit M. Baleinier — nous sommes les meilleurs amis du monde... Vous savez que mademoiselle Adrienne a toujours été en confiance avec moi... Avant-hier encore nous avons ri beaucoup... Et comme je lui faisais, selon mon habitude, des observations sur son genre de vie au moins excentrique... et sur la singulière exaltation d'idées où je la trouve parfois...

— Monsieur Baleinier ne manque jamais d'insister sur ces circonstances en apparence fort insignifiantes — dit madame de Saint-Dizier, au marquis, d'un air significatif.

— Et c'est, en effet, très-essentiel — reprit celui-ci.

— Mademoiselle Adrienne a répondu à mes observations — reprit le docteur — en se moquant de moi, le plus gaiement, le plus spirituellement du monde, car, il faut l'avouer, cette jeune fille a bien l'esprit des plus distingués que je connaisse.

— Docteur!... docteur!... — dit madame de Saint-Dizier — pas de faiblesse au moins!

Au lieu de lui répondre tout d'abord, M. Baleinier prit sa boîte d'or dans la poche de son gilet, l'ouvrit et y puisa une prise de tabac qu'il aspira lentement en regardant la princesse d'un air tellement significatif qu'elle parut complétement rassurée.

— De la faiblesse!.. moi, madame! — dit enfin M. Baleinier en secouant de sa main blanche et potelée quelques grains de tabac épars sur les plis de sa chemise — n'ai-je pas eu l'honneur de m'offrir volontairement à vous afin de vous sortir de l'embarras où je vous voyais?

— Et vous seul au monde pouviez nous rendre cet important service — dit M. d'Aigrigny.

— Vous voyez donc bien, madame — reprit le docteur — que je ne suis pas un homme à *faiblesse*... car j'ai parfaitement compris la portée de mon action... mais il s'agit, m'a-t-on dit, d'intérêts si immenses...

— Immenses... en effet — dit M. d'Aigrigny — un intérêt capital.

— Alors je n'ai pas dû hésiter — reprit M. Baleinier — soyez donc sans inquiétude! laissez-moi en homme de goût et de bonne compagnie rendre justice et hommage à l'esprit charmant et distingué de mademoiselle Adrienne, et quand viendra le moment d'agir, vous me verrez à l'œuvre...

— Peut-être.... ce moment sera-t-il plus rapproché que nous ne le pensions... — dit madame de Saint-Dizier en échangeant un regard avec M. d'Aigrigny.

— Je suis et serai toujours prêt... — dit le médecin — à ce sujet je réponds de tout ce qui me concerne... Je voudrais bien être aussi tranquille sur toutes choses.

— Est-ce que votre maison de santé n'est pas toujours aussi à la mode... que peut l'être une maison de santé? — dit madame de Saint-Dizier en souriant à demi.

— Au contraire... je me plaindrais presque d'avoir trop de pensionnaires... Ce n'est pas de cela qu'il s'agit; mais en attendant mademoiselle Adrienne, je puis vous dire deux mots d'une affaire qui ne la touche qu'indirectement, car il s'agit de la personne qui a acheté la terre de Cardoville, une certaine madame de la Sainte-Colombe qui m'a pris pour médecin, grâce aux manœuvres habiles de Rodin.

— En effet — dit M. d'Aigrigny — Rodin m'a écrit à ce sujet... sans entrer dans de grands détails.

— Voici le fait — reprit le docteur. — Cette madame de la Sainte-Colombe, qu'on avait crue d'abord assez facile à conduire, s'est montrée très-récalcitrante à l'endroit de sa conversion... Déjà deux directeurs ont renoncé à faire son salut. En désespoir de cause, Rodin lui avait détaché le petit Philippon. Il est adroit, tenace, et surtout d'une patience... impitoyable;... c'était l'homme qu'il fallait. Lorsque j'ai eu madame de la Sainte-Colombe pour cliente, Philippon m'a demandé mon aide, qui lui était naturellement acquise; nous sommes convenus de nos faits... Je ne devais pas avoir l'air de le connaître le moins du monde... il devait me tenir au courant des variations de l'état moral de sa pénitente... afin que, par une médication très-inoffensive, du reste, car l'état de la malade est peu grave, il me fût possible de faire éprouver à celle-ci des alternatives de bien-être ou de mal-être assez sensibles, selon que son directeur serait content ou mécontent d'elle... afin qu'il pût lui dire : — Vous le voyez, madame : êtes-vous dans la bonne voie ? la grâce réagit sur votre santé, et vous vous trouvez mieux... Retombez-vous au contraire dans la voie mauvaise ? vous éprouvez certain malaise physique, preuve évidente de l'influence toute-puissante de la foi non-seulement sur l'âme, mais sur le corps.

— Il est sans doute pénible — dit M. d'Aigrigny avec un sang-froid parfait — d'être obligé d'en arriver à de tels moyens pour arracher les opiniâtres à la perdition, mais il faut pourtant bien proportionner les modes d'action à l'intelligence ou au caractère des individus.

— Du reste — reprit le docteur — madame la princesse a pu observer au couvent de Sainte-Marie, que j'ai maintes fois employé très-fructueusement pour le repos et pour le salut de l'âme de quelques-unes de nos malades, ce moyen, je le répète, extrêmement innocent. Ces alternatives varient, tout au plus, entre le mieux et le moins bien; mais si faibles que soient ces différences... elles réagissent souvent très-efficacement sur certains esprits... Il en avait été ainsi à l'égard de madame de la Sainte-Colombe. Elle était dans une si bonne voie de guérison morale et physique, que Rodin avait cru pouvoir engager Philippon à conseiller la campagne à sa pénitente... craignant à Paris l'occasion des rechutes... Ce conseil, joint au désir qu'avait cette femme de jouer à la dame de paroisse, l'avait déterminée à acheter la terre de Cardoville, bon placement du reste; mais ne voilà-t-il pas que hier ce malheureux Philippon est venu m'apprendre que madame de la Sainte-Colombe était sur le point de faire une énorme rechute, morale... bien entendu, car le physique est maintenant dans un état de prospérité désespérant. Or, cette rechute paraissait causée par un entretien qu'aurait eu cette dame avec un certain Jacques Dumoulin, que vous connaissez, m'a-t-on dit, mon cher abbé, et qui s'est, on ne sait comment, introduit auprès d'elle.

— Ce Jacques Dumoulin — dit le marquis avec dégoût — est un de ces hommes que l'on emploie et que l'on méprise;.. c'est un écrivain rempli de fiel, d'envie et de haine... ce qui lui donne une certaine éloquence brutale et incisive... Nous le payons assez grassement pour attaquer nos ennemis, quoiqu'il soit quelquefois douloureux de voir défendre par une telle plume les principes que nous respectons... Car ce misérable vit comme un bohémien, ne quitte pas les tavernes, et est presque toujours ivre... Mais, il faut l'avouer, sa verve injurieuse est inépuisable... et il est versé dans les connaissances théologiques les plus ardues, ce qui nous le rend parfois très-utile...

— Eh bien !.. quoique madame de la Sainte-Colombe ait soixante ans... il paraît que ce Dumoulin aurait des visées matrimoniales sur la fortune considérable de cette femme... Vous ferez bien, je crois, de prévenir Rodin, afin qu'il se défie des ténébreux manéges de ce drôle... Mille pardons de vous avoir si long-temps entretenu de ces misères;... mais à propos du couvent de Sainte-Marie, dont j'avais tout à l'heure l'honneur de vous parler, madame — ajouta le docteur en s'adressant à la princesse — il y a long-temps que vous n'y êtes allée ?

La princesse échangea un vif regard avec M. d'Aigrigny, et répondit :

— Mais... il y a huit jours... environ.

— Vous y trouverez alors bien du changement : le mur qui était mitoyen avec ma maison de santé a été abattu, car l'on va construire là un nouveau corps de bâtiment et une chapelle... l'ancienne étant trop petite. Du reste je dois dire à la louange de mademoiselle Adrienne — ajouta le docteur avec un singulier demi-sourire — qu'elle m'avait promis pour cette chapelle la copie d'une Vierge de Raphaël.

— Vraiment... c'était plein d'à-propos — dit la princesse — mais voici bientôt midi et M. Tripeaud ne vient pas.

— Il est le subrogé-tuteur de mademoiselle de Cardoville, dont il a géré les biens comme ancien agent d'affaires du comte-duc — dit le marquis visiblement préoccupé — et sa présence nous est absolument indispensable; il serait bien à désirer qu'il fût ici avant l'arrivée de mademoiselle de Cardoville, qui peut entrer d'un moment à l'autre.

— Il est dommage que son portrait ne puisse pas le remplacer ici — dit le docteur en souriant avec malice et tirant de sa poche une petite brochure.

— Qu'est-ce que cela, docteur? — lui demanda la princesse.

— Un de ces pamphlets anonymes qui paraissent de temps à autre... Il est intitulé *Le Fléau*, et le portrait du baron Tripeaud y est tracé avec tant de sincérité que ce n'est plus de la satire... Cela tombe dans la réalité; tenez, écoutez plutôt. Cette esquisse est intitulée Type du loup-cervier.

M. le baron Tripeaud. — « Cet homme qui
» se montre aussi bassement humble envers
» certaines supériorités sociales qu'il se mon-
» tre insolent et grossier envers ceux qui
» dépendent de lui; cet homme est l'incar-
» nation vivante et effrayante de la partie
» mauvaise de l'aristocratie bourgeoise et in-
» dustrielle, de l'*homme d'argent*, du spécula-
» teur cynique, sans cœur, sans foi, sans âme,

» qui jouerait à la hausse ou à la baisse sur la
» mort de sa mère, si la mort de sa mère avait
» action sur le cours de la rente.

» Ces gens-là ont tous les vices odieux des
» nouveaux affranchis, non pas de ceux qu'un
» travail honnête, patient et digne, a noble-
» ment enrichis, mais de ceux qui ont été
» soudainement favorisés par un aveugle ca-
» price du hasard ou par un heureux coup
» de filet dans les eaux fangeuses de l'agio-
» tage.

» Une fois parvenus, ces gens-là haïssent le
» peuple, parce que le peuple leur rappelle
» l'origine dont ils rougissent; impitoyables
» pour l'affreuse misère des masses, ils l'attri-
» buent à la paresse, à la débauche, parce que
» cette calomnie met à l'aise leur barbare
» égoïsme.

» Et ce n'est pas tout.

» Du haut de son coffre-fort et du haut de
» son double droit d'électeur éligible, M. le
» baron Tripeaud insulte comme tant d'autres
» à la pauvreté, à l'incapacité politique :

» De l'officier de fortune qui, après qua-

» rante ans de guerre et de service, peut à
» peine vivre d'une retraite insuffisante ;

» Du magistrat qui a consumé sa vie à
» remplir de tristes et austères devoirs, et
» qui n'est pas mieux rétribué à la fin de ses
» jours ;

» Du savant qui a illustré son pays par
» d'utiles travaux, ou du professeur qui a ini-
» tié des générations entières à toutes les con-
» naissances humaines ;

» Du modeste et vertueux prêtre de cam-
» pagne, le plus pur représentant de l'Évan-
» gile dans son sens charitable, fraternel et
» démocratique, etc., etc.

» Dans cet état de choses, comment M. le
» baron de l'industrie n'aurait-il pas le plus
» insolent mépris pour cette foule imbécile
» d'honnêtes gens, qui, après avoir donné au
» pays leur jeunesse, leur âge mûr, leur sang,
» leur intelligence, leur savoir, se voient dé-
» nier les droits dont il jouit, lui, parce qu'il
» a gagné un million à un jeu défendu par la
» loi ou à une industrie déloyale ?

» Il est vrai que les optimistes disent à ces

» parias de la civilisation dont on ne saurait
» trop vénérer, trop honorer la pauvreté
» digne et fière :

» — *Achetez des propriétés,* vous serez éligibles et électeurs.

» Arrivons à la biographie de M. le baron :

» André Tripeaud, fils d'un palefrenier
» d'auberge...»

A ce moment les deux battants de la porte s'ouvrirent et le valet de chambre annonça :

— M. le baron Tripeaud !

Le docteur Baleinier remit sa brochure dans sa poche, fit le salut le plus cordial au financier, et se leva même pour lui serrer la main.

M. le baron entra en se confondant depuis la porte en salutations.

— J'ai l'honneur de me rendre aux ordres de madame la princesse... elle sait qu'elle peut toujours compter sur moi.

— En effet, j'y compte, monsieur Tripeaud, et surtout dans cette circonstance.

—Si les intentions de madame la princesse

sont toujours les mêmes au sujet de mademoiselle de Cardoville...

— Toujours, monsieur, et c'est pour cela que nous nous réunissons aujourd'hui.

— Madame la princesse peut être assurée de mon concours ainsi que je le lui ai déjà promis... Je crois aussi que la plus grande sévérité doit être enfin employée... et que même s'il était nécessaire de...

— C'est aussi notre opinion — se hâta de dire le marquis en faisant un signe à la princesse et lui montrant d'un regard l'endroit où était caché l'homme aux lunettes; — nous sommes tous parfaitement d'accord, reprit-il; — seulement convenons encore bien de ne laisser aucun point douteux dans l'intérêt de cette jeune personne, car son intérêt seul nous guide; provoquons sa sincérité par tous les moyens possibles...

— Mademoiselle vient d'arriver du pavillon du jardin, elle demande si elle peut voir madame — dit le valet de chambre en se présentant de nouveau après avoir frappé.

— Dites à mademoiselle que je l'attends

— dit la princesse; — et maintenant je n'y suis pour personne... sans exception... vous l'entendez... pour personne absolument.

Puis, soulevant la portière derrière laquelle l'homme était caché, madame de Saint-Dizier lui fit un dernier signe d'intelligence.

Et la princesse rentra dans le salon.

Chose étrange; pendant le peu de temps qui précéda l'arrivée d'Adrienne les différents acteurs de cette scène semblèrent inquiets, embarrassés comme s'ils eussent vaguement redouté sa présence.

Au bout d'une minute, mademoiselle de Cardoville entra chez sa tante.

CHAPITRE V.

L'ESCARMOUCHE.

En entrant, mademoiselle de Cardoville jeta sur un fauteuil son chapeau de castor gris, qu'elle avait mis pour traverser le jardin ; on vit alors sa belle chevelure d'or qui tombait de chaque côté de son visage en longs et légers tire-bouchons, et se tordait en grosse natte derrière sa tête.

Adrienne se présentait sans hardiesse, mais avec une aisance parfaite ; sa physionomie était gaie, souriante ; ses grands yeux noirs semblaient encore plus brillants que de coutume. Lorsqu'elle aperçut l'abbé d'Aigrigny, elle fit un mouvement de surprise, et un sourire quelque peu moqueur effleura ses lèvres vermeilles. Après avoir fait un gracieux signe de tête au docteur et passé devant le baron Tripeaud sans le regarder, elle salua la princesse d'une demi-révérence du meilleur et du plus grand air.

Quoique la démarche et la tournure de mademoiselle Adrienne fussent d'une extrême distinction, d'une convenance parfaite et surtout empreintes d'une grâce toute féminine, on y sentait pourtant un *je ne sais quoi* de résolu, d'indépendant et de fier, très-rare chez les femmes, surtout chez les jeunes filles de son âge; enfin ses mouvements, sans être brusques, n'avaient rien de contraint, de raide ou d'apprêté; ils étaient, si cela se peut dire, francs et dégagés comme son caractère; on y sentait circuler la vie, la sève, la jeunesse, et l'on devinait que cette organisation, complétement expansive, loyale et décidée, n'avait pu jusqu'alors se soumettre à la compression d'un rigorisme affecté.

Chose assez bizarre, quoiqu'il fût homme du monde, homme de grand esprit, homme d'église des plus remarquables par son éloquence, et surtout homme de domination et d'autorité, le marquis d'Aigrigny éprouvait un malaise involontaire, une gêne inconcevable, presque pénible... en présence d'Adrienne de Cardoville ; lui toujours si maître de soi, lui habitué à exercer une influence toute-puissante, lui qui avait souvent, au nom de son ordre, traité au moins d'égal à égal avec des têtes couronnées, se sentait embarrassé, au-dessous de lui-même, en présence de cette jeune fille, aussi remarquable par sa franchise que par son esprit et sa mordante ironie... or, comme généralement les hommes habitués à imposer beaucoup aux autres sont très-près de haïr les personnes qui, loin de subir leur influence, les embarrassent et les raillent, ce n'était pas précisément de l'affection que le marquis portait à la nièce de la princesse de Saint-Dizier.

Depuis long-temps même et contre son ordinaire, il n'essayait plus sur Adrienne cette séduction, cette fascination de la parole, auxquelles il devait habituellement un charme presque irrésistible; il se montrait avec elle sec, tranchant, sérieux, et se réfugiait dans une sphère glacée de dignité hautaine et de rigidité austère qui paralysaient complétement les qualités aimables dont il était doué et dont il tirait d'ordinaire un si excellent et si fécond parti... De tout ceci Adrienne s'amusait fort, mais très-imprudemment; car les motifs les plus vulgaires engendrent souvent des haines implacables.

Ces antécédents posés, on comprendra les divers sentiments et les intérêts variés qui animaient les différents acteurs de cette scène.

Madame de Saint-Dizier était assise dans un grand fauteuil au coin du foyer.

Le marquis d'Aigrigny se tenait debout devant le feu.

Le docteur Baleinier, assis près du bureau, s'était remis à feuilleter la biographie du baron Tripeaud.

Et le baron semblait examiner très-attentivement un tableau de sainteté suspendu à la muraille.

— Vous m'avez fait demander, ma tante, pour causer d'affaires importantes? — dit Adrienne, rompant le silence embarrassé qui régnait dans le salon depuis son entrée.

— Oui, mademoiselle — répondit la princesse d'un air froid et sévère — il s'agit d'un entretien des plus graves.

— Je suis à vos ordres, ma tante... Voulez-vous que nous passions dans votre bibliothèque?

— C'est inutile... nous causerons ici; — puis, s'adressant au marquis, au docteur et au baron, elle leur dit : — Messieurs, veuillez vous asseoir.

Ceux-ci prirent place autour de la table du cabinet de la princesse.

— Et en quoi l'entretien que nous devons avoir peut-il regarder ces messieurs, ma tante? — demanda mademoiselle de Cardoville avec surprise.

— Ces messieurs sont d'anciens amis de notre famille; tout ce qui vous peut intéresser les touche, et leurs conseils doivent être écoutés et acceptés par vous avec respect...

— Je ne doute pas, ma tante, de l'amitié toute particulière de M. d'Aigrigny pour notre famille;... je doute encore moins du dévoue-

ment profond et désintéressé de M. Tripeaud :
M. Baleinier est un de mes vieux amis; mais
avant d'accepter ces messieurs pour specta-
teurs... ou, si vous l'aimez mieux, ma tante,
pour confidents de notre entretien, je désire
savoir de quoi nous devons nous entretenir
devant eux.

— Je croyais, mademoiselle, que parmi vos
singulières prétentions vous aviez du moins...
celle de la franchise et du courage.

— Mon Dieu, ma tante — répondit
Adrienne souriant avec une humilité moqueuse — je n'ai pas plus de prétention à la
franchise et au courage, que vous n'en avez
à la sincérité et à la bonté; convenons donc
bien, une fois pour toutes, que nous sommes
ce que nous sommes... sans prétention...

— Soit — dit madame de Saint-Dizier d'un
ton sec — depuis long-temps je suis habituée
aux boutades de votre esprit indépendant : je
crois donc que, courageuse et franche comme
vous dites l'être, vous ne devez pas craindre
de dire devant des personnes aussi graves et
aussi respectables que ces messieurs, ce que
vous me diriez à moi seule...

— C'est donc un interrogatoire en forme que je vais subir, et sur quoi?

— Ce n'est pas un interrogatoire, mais comme j'ai le droit de veiller sur vous, mais comme vous abusez de plus en plus de ma folle condescendance à vos caprices... je veux mettre un terme à ce qui n'a que trop duré, je veux devant des amis de notre famille vous signifier mon irrévocable résolution quant à l'avenir... Et d'abord jusqu'ici vous vous êtes fait une idée très-fausse et très-incomplète de mon pouvoir sur vous.

— Je vous assure, ma tante, que je ne m'en suis fait aucune idée juste ou fausse, car je n'y ai jamais songé.

— C'est ma faute, j'aurais dû, au lieu de condescendre à vos fantaisies, vous faire sentir plus rudement mon autorité; mais le moment est venu de vous soumettre : le blâme sévère de mes amis m'a éclairé à temps... votre caractère est entier, indépendant, résolu; il faut qu'il change, entendez-vous, et il changera de gré ou de force, c'est moi qui vous le dis.

A ces mots prononcés aigrement devant des étrangers et dont rien ne semblait autoriser la dureté, Adrienne redressa fièrement la tête; mais, se contenant, elle reprit en souriant :

— Vous dites, ma tante, que je changerai ; cela ne m'étonnerait pas... On a vu des conversions... si bizarres.

La princesse se mordit les lèvres.

— Une conversion sincère... n'est jamais bizarre, ainsi que vous l'appelez, mademoiselle — dit froidement l'abbé d'Aigrigny ; — mais au contraire très-méritoire et d'un excellent exemple.

— Excellent? — reprit Adrienne; — c'est selon;... car enfin si l'on convertit ses défauts... en vices...

— Que voulez-vous dire, mademoiselle?— s'écria la princesse.

— Je parle de moi, ma tante : vous me reprochez d'être indépendante et résolue... Si j'allais par hasard... devenir hypocrite et méchante? tenez... vrai... je préfère garder mes chers petits défauts que j'aime comme des enfants gâtés... je sais ce que j'ai... je ne sais pas ce que j'aurais.

— Pourtant, mademoiselle Adrienne — dit

M. le baron Tripeaud d'un air suffisant et sentencieux — vous ne pouvez nier qu'une conversion...

— Je crois monsieur Tripeaud extrêmement fort sur la conversion de toute espèce de choses en toute espèce de bénéfices, par toute espèce de moyens — dit Adrienne d'un ton sec et dédaigneux : — mais il doit rester étranger à cette question.

— Mais, mademoiselle — reprit le financier en puisant du courage dans un regard de la princesse — vous oubliez que j'ai l'honneur d'être votre subrogé-tuteur... et que...

— Il est de fait que M. Tripeaud a cet honneur-là et je n'ai jamais trop su pourquoi — dit Adrienne avec un redoublement de hauteur, sans même regarder le baron ; — mais il ne s'agit pas de deviner des énigmes ; je désire donc, ma tante, savoir le motif et le but de cette réunion.

— Vous allez être satisfaite, mademoiselle ; je vais m'expliquer d'une façon très-nette, très-précise ; vous allez connaître le plan de la conduite que vous aurez à tenir désormais, et si vous refusiez de vous y soumettre avec l'obéissance et le respect que vous devez à mes ordres, je verrais ce qui me resterait à faire...

Il est impossible de rendre le ton impérieux, l'air dur de la princesse en prononçant ces mots qui devaient faire bondir une jeune fille jusqu'alors habituée à vivre, jusqu'à un certain point, à sa guise; pourtant, peut-être contre l'attente de madame de Saint-Dizier, au lieu de répondre avec vivacité, Adrienne la regarda fixement et dit en riant :

— Mais c'est une véritable déclaration de guerre; cela devient très-amusant...

— Il ne s'agit pas de déclaration de guerre —dit durement l'abbé d'Aigrigny blessé des expressions de mademoiselle de Cardoville.

— Ah! monsieur l'abbé — reprit celle-ci — vous, un ancien colonel, vous êtes bien sévère pour une plaisanterie... Vous qui devez tant à la guerre;... vous qui, grâce à elle, avez commandé un régiment français après vous être battu si long-temps contre la France... pour connaître le fort et le faible de ses ennemis bien entendu.

A ces mots qui lui rappelaient des souvenirs pénibles, le marquis rougit; il allait répondre lorsque la princesse s'écria :

— En vérité, mademoiselle, ceci est d'une inconvenance intolérable.

— Soit, ma tante, j'avoue mes torts, je ne devais pas dire que ceci est amusant, car en vérité ça ne l'est pas du tout... mais c'est du moins très-curieux... et peut-être même — ajouta la jeune fille après un moment de silence — peut-être même assez audacieux... et l'audace me plaît... Puisque nous voici sur ce terrain, puisqu'il s'agit d'un plan de conduite auquel je dois obéir sous peine... de... — puis s'interrompant et s'adressant à sa tante : — sous quelle peine, ma tante ?...

— Vous le saurez... Poursuivez...

— Je vais donc, aussi moi, devant ces messieurs, vous déclarer d'une façon très-nette, très-précise, la détermination que j'ai prise; comme il me fallait quelque temps pour qu'elle fût exécutable, je ne vous en avais pas parlé plus tôt, car vous le savez... je n'ai pas l'habitude de dire : je ferai cela... mais je fais ou j'ai fait cela.

— Certainement, et c'est cette habitude de coupable indépendance qu'il faut briser.

— Je ne comptais donc vous avertir de ma détermination que plus tard ; mais je ne puis résister au plaisir de vous en faire part aujourd'hui tant vous me paraissez disposée à l'entendre et à l'accueillir... Mais... je vous en prie, ma tante, parlez d'abord... Il se peut, après tout, que nous nous soyons complétement rencontrées dans nos vues.

— Je vous aime mieux ainsi — dit la princesse — je retrouve au moins en vous le courage de votre orgueil et votre mépris de toute autorité : vous parlez d'audace... la vôtre est grande.

— Je suis du moins fort décidée à faire ce que d'autres par faiblesse n'oseraient malheureusement pas... moi j'oserai... Ceci est net et précis, je pense.

— Très-net... et très-précis — dit la princesse en échangeant un signe d'intelligence et de satisfaction avec les autres acteurs de cette scène. — Les positions, ainsi établies, simplifient beaucoup les choses... Je dois seulement vous avertir dans votre intérêt que ceci est très-grave, plus grave que vous ne le pensez, et que vous n'auriez qu'un moyen de me disposer à l'indulgence, ce serait de substituer à l'arrogance et à l'ironie habituelle de votre langage la modestie et le respect qui conviennent à une jeune fille.

Adrienne sourit mais ne répondit rien.

Quelques secondes de silence et quelques regards échangés de nouveau entre la princesse et ses trois amis annoncèrent qu'à ces escarmouches plus ou moins brillantes allait succéder un combat sérieux.

Mademoiselle de Cardoville avait trop de pénétration, trop de sagacité pour ne pas remarquer que la princesse de Saint-Dizier attachait une grave importance à cet entretien décisif; mais la jeune fille ne comprenait pas comment sa tante pouvait espérer de lui imposer sa volonté abolue; les menaces de recourir à des moyens de coercition lui semblaient avec raison une menace ridicule. Néanmoins, connaissant le caractère vindicatif de sa tante, la puissance ténébreuse dont elle disposait, les terribles vengeances qu'elle avait quelquefois exercées; réfléchissant enfin que des hommes dans la position du marquis et du médecin ne seraient pas venus assister à cet entretien sans de graves motifs, un moment la jeune fille réfléchit avant d'engager la lutte.

Mais bientôt par cela même qu'elle pressentait vaguement, il est vrai, un danger quelconque, loin de faiblir elle prit à cœur de le braver et d'exagérer, si cela était possible, l'indépendance de ses idées, et de maintenir, en tout et pour tout, la détermination qu'elle allait de son côté notifier à la princesse de Saint-Dizier.

CHAPITRE VI.

LA RÉVOLTE.

— Mademoiselle... — dit la princesse à Adrienne de Cardoville d'un ton froid et sévère — je me dois à moi-même, je dois à ces messieurs de rappeler en peu de mots les événements qui se sont passés depuis quelque temps. Il y a six mois, à la fin du deuil de votre père, vous aviez alors dix-huit ans... vous m'avez demandé à jouir de votre fortune, et à être émancipée... j'ai eu la malheureuse faiblesse d'y consentir.... Vous avez voulu quitter le grand hôtel et vous établir dans le pavillon du jardin, loin de toute surveillance... Alors a commencé une suite de dépenses plus extravagantes les unes que les autres. Au lieu de vous contenter d'une ou deux femmes de chambre prises dans la classe où on les prend ordinairement, vous avez été choisir des femmes de compagnie que vous avez costumées d'une façon aussi bizarre que coûteuse; vous même, dans la solitude de votre pavillon, il est vrai, vous avez revêtu tour à tour des vêtements de siècles passés... Vos folles fantaisies, vos caprices déraisonnables ont été sans bornes, sans frein; non-seulement vous n'avez jamais rempli vos devoirs religieux, mais vous avez eu l'audace de profaner un de vos salons en y élevant je ne sais quelle espèce d'autel païen où l'on voit un groupe de marbre représentant un jeune homme et une jeune fille..... (la princesse prononça ces mots comme s'ils lui eussent brûlé les lèvres), objet d'art, soit, mais objet d'art on ne peut plus malséant chez une personne de votre âge. Vous avez passé des jours entiers absolument renfermée chez vous, sans vouloir recevoir personne, et M. le docteur Baleinier, le seul de mes amis en qui vous ayez conservé quelque confiance, étant parvenu à force d'instances à pénétrer chez vous, vous a trouvée plusieurs fois dans un état d'exaltation si grande, qu'il en a conçu de graves inquiétudes pour votre santé... Vous avez toujours voulu sortir seule sans rendre compte de vos actions à personne; vous vous êtes plu sans cesse à mettre enfin votre volonté au-dessus de mon autorité... tout ceci est-il vrai?...

— Ce portrait du passé... est peu flatté — dit Adrienne en souriant — mais enfin il n'est pas absolument méconnaissable.

— Ainsi, mademoiselle — dit l'abbé d'Aigrigny en comptant et accentuant lentement sa parole — vous convenez positivement que tous les faits que vient de rapporter madame votre tante sont d'une scrupuleuse vérité?

Et tous les regards s'attachèrent sur Adrienne comme si sa réponse devait avoir une extrême importance.

— Sans doute, monsieur, et j'ai l'habitude de vivre assez ouvertement pour que cette question soit inutile...

— Ces faits sont donc avoués — dit l'abbé d'Aigrigny se retournant vers le docteur et le baron.

— Ces faits nous demeurent complétement acquis — dit M. Tripeaud d'un ton suffisant.

— Mais pourrai-je savoir, ma tante — dit Adrienne — à quoi bon ce long préambule?

— Ce long préambule, mademoiselle — reprit la princesse avec dignité — sert à exposer le passé afin de motiver l'avenir.

— Voici quelque chose, ma chère tante, un peu dans le goût des mystérieux arrêts de la sibylle de Cumes... Cela doit cacher quelque chose de redoutable.

— Peut-être, mademoiselle... car rien n'est plus redoutable pour certains caractères que l'obéissance, que le devoir, et votre caractère est du nombre de ces esprits enclins à la révolte...

— Je l'avoue naïvement... ma tante, et il en sera ainsi jusqu'au jour où je pourrai chérir l'obéissance et respecter le devoir.

— Que vous chérissiez, que vous respectiez ou non mes ordres, peu m'importe, mademoiselle — dit la princesse d'une voix brève et dure; — vous allez pourtant, dès aujourd'hui, dès à présent, commencer par vous soumettre, absolument, aveuglément à ma volonté, en un mot vous ne ferez rien sans ma permission ; il le faut, je le veux, ce sera...

Adrienne regarda d'abord fixement sa tante, puis elle partit d'un éclat de rire frais et sonore qui retentit long-temps dans cette vaste pièce...

M. d'Aigrigny et le baron Tripeaud firent un mouvement d'indignation.

La princesse regarda sa nièce d'un air courroucé.

Le docteur leva les yeux au ciel et joignit les mains sur son abdomen en soupirant avec componction.

— Mademoiselle... de tels éclats de rire sont peu convenables — dit l'abbé d'Aigrigny ; — les paroles de madame votre tante sont graves, très-graves, et méritent un autre accueil.

— Mon Dieu ! monsieur — dit Adrienne en calmant son hilarité — à qui la faute si je ris si fort ? Comment rester de sang-froid quand j'entends ma tante me parler d'aveugle soumission à ses ordres ?... Est-ce qu'une hirondelle habituée à voler à plein ciel... à s'ébattre en plein soleil... est faite pour vivre dans le trou d'une taupe?..

A cette réponse, M. d'Aigrigny affecta de regarder les autres membres de cette espèce de conseil de famille avec un profond étonnement.

— Une hirondelle? que veut-elle dire?... — demanda l'abbé au baron en lui faisant un signe que celui-ci comprit.

— Je ne sais... — répondit Tripeaud en regardant à son tour le docteur — elle a parlé de taupe... c'est inouï... incompréhensible...

— Ainsi, mademoiselle — dit la princesse semblant partager la surprise des autres personnes — voici la réponse que vous me faites...

— Mais sans doute — répondit Adrienne étonnée à son tour que l'on feignît de ne pas comprendre l'image dont elle s'était servie, ainsi que cela lui arrivait assez souvent, dans son langage souvent poétique et coloré.

— Allons, madame, allons — dit le docteur Baleinier en souriant avec bonhomie — il faut être indulgente... ma chère mademoiselle Adrienne a l'esprit naturellement si original, si exalté!!.. c'est bien en vérité la plus charmante folle que je connaisse... je lui ai dit cent fois en ma qualité de vieil ami... qui se permet tout...

— Je conçois que votre attachement à mademoiselle vous rende indulgent... Il n'en est pas moins vrai, monsieur le docteur — dit M. d'Aigrigny en paraissant reprocher au médecin de prendre le parti de mademoiselle de Cardoville — que ce sont des réponses extravagantes lorsqu'il s'agit de questions aussi sérieuses.

— Le malheur est que mademoiselle ne comprend pas la gravité de cette conférence — dit la princesse d'un air dur. — Elle la comprendra peut-être maintenant que je vais lui signifier mes ordres...

— Voyons ces ordres... ma tante...

Et Adrienne, qui était assise de l'autre côté de la table, en face de sa tante, posa son petit menton rose dans le creux de sa jolie main, avec un geste de grâce moqueuse charmant à voir.

— A dater de demain — reprit la princesse — vous quitterez le pavillon que vous habitez... vous renverrez vos femmes... vous reviendrez occuper ici deux chambres, où l'on ne pourra entrer qu'en passant dans mon appartement... vous ne sortirez jamais seule... vous m'accompagnerez aux offices... votre émancipation cessera pour cause de prodigalité bien et dûment constatée;... je me chargerai de toutes vos dépenses... je me chargerai même de commander vos robes, afin que vous soyez modestement vêtue, comme il convient... enfin, jusqu'à votre majorité, qui sera du reste indéfiniment reculée, grâce à l'intervention d'un conseil de famille... vous n'aurez aucune somme d'argent à votre disposition... Telle est ma volonté...

— Et certainement on ne peut qu'applaudir à votre résolution, madame la princesse — dit le baron Tripeaud — on ne peut que vous encourager à montrer la plus grande fermeté, car il faut que tant de désordres aient un terme...

— Il est plus que temps de mettre fin à de pareils scandales — ajouta l'abbé.

— La bizarrerie, l'exaltation du caractère... peuvent pourtant faire excuser bien des choses

— se hasarda de dire le docteur d'un air patelin.

— Sans doute, monsieur le docteur — dit sèchement la princesse à M. Baleinier, qui jouait parfaitement son rôle; — mais alors on agit avec ces caractères-là comme il convient.

Madame de Saint-Dizier s'était exprimée d'une manière ferme et précise; elle paraissait convaincue de la possibilité d'exécuter ce dont elle menaçait sa nièce. M. Tripeaud et M. d'Aigrigny venaient de donner un assentiment complet aux paroles de la princesse; Adrienne commença de voir qu'il s'agissait de quelque chose de fort grave; alors sa gaieté fit place à une ironie amère, à une expression d'indépendance révoltée.

Elle se leva brusquement et rougit un peu, ses narines roses se dilatèrent, son œil brilla, elle redressa la tête en secouant légèrement sa belle chevelure ondoyante et dorée, par un mouvement rempli d'une fierté qui lui était naturelle, et elle dit à sa tante d'une voix incisive, après un moment de silence :

— Vous avez parlé du passé, madame, j'en

dirai donc aussi quelques mots, mais vous m'y forcez;... oui, je le regrette... J'ai quitté votre demeure, parce qu'il m'était impossible de vivre davantage dans cette atmosphère de sombre hypocrisie et de noires perfidies...

— Mademoiselle... — dit M. d'Aigrigny — de telles paroles sont aussi violentes que déraisonnables.

— Monsieur ! puisque vous m'interrompez, deux mots — dit vivement Adrienne en regardant fixement l'abbé — quels sont les exemples que je trouvais chez ma tante?

— Des exemples excellents, mademoiselle.

— Excellents, monsieur? Est-ce parce que j'y voyais chaque jour sa conversion complice de la vôtre?

— Mademoiselle... vous vous oubliez... — dit la princesse en devenant pâle de rage.

— Madame... je n'oublie pas... je me souviens... comme tout le monde... voilà tout... Je n'avais aucune parente à qui demander asile... j'ai voulu vivre seule... j'ai désiré jouir de mes revenus parce que j'aime mieux les dépenser que de les voir dilapider par M. Tripeaud.

— Mademoiselle ! — s'écria le baron — je ne comprends pas que vous vous permettiez de...

— Assez, monsieur ! — dit Adrienne en lui imposant silence par un geste d'une hauteur écrasante — je parle de vous... mais je ne vous parle pas...

Et Adrienne continua :

— J'ai donc voulu dépenser mon revenu selon mes goûts ; j'ai embelli la retraite que j'ai choisie. A des servantes laides, mal-apprises, j'ai préféré des jeunes filles jolies, bien élevées, mais pauvres ; leur éducation ne me permettant pas de les soumettre à une humiliante domesticité, j'ai rendu leur condition aimable et douce ; elles ne me servent pas, elles me rendent service ; je les paye, mais je leur suis reconnaissante... Subtilités, du reste, que vous ne comprendrez pas, madame, je le sais... Au lieu de les voir mal ou peu gracieusement vêtues, je leur ai donné des habits qui vont bien à leurs charmants visages, parce que j'aime ce qui est jeune, ce qui est beau ; que je m'habille d'une façon ou d'une autre, cela ne regarde que mon miroir. Je sors seule parce qu'il me plaît d'aller où me guide ma fantaisie ; je ne vais pas à la messe, soit : si j'avais encore ma mère je lui dirais quelles sont mes dévotions, et elle m'embrasserait tendrement... J'ai élevé un autel païen à la jeunesse et à la beauté, c'est vrai ; parce que j'adore Dieu dans tout ce qu'il fait de beau, de bon, de noble, de grand, et mon cœur, du matin au soir, répète cette prière fervente et sincère : Merci, mon Dieu ! merci... M. Baleinier, dites-vous, madame, m'a souvent trouvée dans ma solitude en proie à une exaltation étrange ;... oui... cela est vrai... c'est qu'alors, échappant par la pensée à tout ce qui me rend le présent si odieux, si pénible, si laid, je me réfugiais dans l'avenir ; c'est qu'alors j'entrevoyais des horizons magiques... c'est qu'alors m'apparaissaient des visions si splendides que je me sentais ravie dans je ne sais quelle sublime et divine extase... et que je n'appartenais plus à la terre...

En prononçant ces dernières paroles avec enthousiasme, la physionomie d'Adrienne sembla se transfigurer tant elle devint resplendissante. A ce moment ce qui l'entourait n'existait plus pour elle.

— C'est qu'alors — reprit-elle avec une exaltation croissante — je respirais un air pur, vivifiant et libre... oh! libre... surtout... libre... et si salubre... si généreux à l'âme... Oui, au lieu de voir mes sœurs péniblement soumises à une domination égoïste, humiliante, brutale... à qui elles doivent les vices séduisants de l'esclavage : la fourberie gracieuse, la perfidie enchanteresse, la fausseté caressante, la résignation méprisante, l'obéissance haineuse... je les voyais, ces nobles sœurs, dignes et sincères parce qu'elles étaient libres; fidèles et dévouées, parce qu'elles pouvaient choisir; ni impérieuses, ni basses, parce qu'elles n'avaient pas de maître à dominer ou à flatter; chéries et respectées, enfin, parce qu'elles pouvaient retirer d'une main déloyale une main loyalement donnée. Oh! mes sœurs... mes sœurs... je le sens... ce ne sont pas là seulement de consolantes visions, ce sont encore de saintes epérances !

Entraînée malgré elle par l'exaltation de ses pensées, Adrienne garda un moment le silence afin de *reprendre terre*, pour ainsi dire, et ne s'aperçut pas que les acteurs de cette scène se regardaient d'un air radieux.

— Mais... ce qu'elle dit là... est excellent... — murmura le docteur à l'oreille de la princesse, auprès de qui il était assis — elle serait d'accord avec nous qu'elle ne parlerait pas autrement.

— Ce n'est qu'en la mettant hors d'elle-même par une excessive dureté, qu'elle arrivera *au point où il nous la faut* — ajouta M. d'Aigrigny.

Mais on eût dit que le mouvement d'irritation d'Adrienne s'était pour ainsi dire dissipé au contact des sentiments généreux qu'elle venait d'éprouver.

S'adressant en souriant à M. Baleinier, elle lui dit :

— Avouez, docteur, qu'il n'y a rien de plus ridicule que de céder à l'enivrement de certaines pensées en présence de personnes incapables de les comprendre. Voici une belle occasion de vous moquer de l'exaltation d'esprit que vous me reprochez quelquefois... m'y laisser entraîner dans un moment si grave !... car il paraît décidément que ceci est grave. Mais que voulez-vous, mon bon monsieur Baleinier, quand une idée me vient à l'esprit, il m'est aussi impossible de ne pas suivre sa fantaisie qu'il m'était impossible de ne pas courir après les papillons quand j'étais petite fille...

— Et Dieu sait où vous conduisent les papillons brillants de toutes couleurs qui vous traversent l'esprit... Ah ! la tête folle... la tête folle — dit M. Baleinier en souriant d'un air indulgent et paternel. — Quand donc sera-t-elle aussi raisonnable qu'elle est charmante?

— A l'instant même, mon bon docteur — reprit Adrienne — je vais abandonner mes rêveries pour des réalités et parler un langage parfaitement positif comme vous allez le voir.

Puis s'adressant à sa tante, elle ajouta :

— Vous m'avez fait part, madame, de vos volontés; voici les miennes :

Avant huit jours je quitterai le pavillon que j'habite pour une maison que j'ai fait arranger à mon goût, et j'y vivrai à ma guise... Je n'ai ni père ni mère, je ne dois compte qu'à moi de mes actions.

— En vérité, mademoiselle — dit la princesse en haussant les épaules — vous déraisonnez... vous oubliez que la société a des droits de moralité imprescriptibles et que nous sommes chargés de faire valoir ; or nous n'y manquerons pas... comptez-y.

— Ainsi, madame... c'est vous, c'est M. d'Aigrigny, c'est M. Tripeaud qui représentez la moralité de la société... Cela me semble bien ingénieux... Est-ce parce que M. Tripeaud a considéré, je dois l'avouer, ma fortune comme la sienne ? Est-ce parce que...

— Mais enfin, mademoiselle... — s'écria Tripeaud...

— Tout à l'heure, madame — dit Adrienne à sa tante sans répondre au baron — puisque l'occasion se présente j'aurai à vous demander des explications sur certains intérêts que l'on m'a, je crois, cachés... jusqu'ici...

A ces mots d'Adrienne, M. d'Aigrigny et la princesse tressaillirent. Tous deux échangèrent rapidement un regard d'inquiétude et d'angoisse.

Adrienne ne s'en aperçut pas et continua :

— Mais pour en finir avec vos exigences, madame, voici mon dernier mot : Je veux vivre comme bon me semblera... Je ne pense pas que si j'étais homme on m'imposerait, à mon âge, l'espèce de dure et humiliante tutelle que vous voulez m'imposer pour avoir vécu comme j'ai vécu jusqu'ici, c'est-à-dire honnêtement, librement et généreusement, à la vue de tous.

— Cette idée est absurde ! est insensée ! — s'écria la princesse — c'est pousser la démoralisation, l'oubli de toute pudeur jusqu'à ses dernières limites que de vouloir vivre ainsi !

— Alors, madame — dit Adrienne — quelle opinion avez-vous donc de tant de pauvres filles du peuple, orphelines comme moi, et qui vivent seules et libres ainsi que je veux vivre ? Elles n'ont pas reçu comme moi une éducation raffinée qui élève l'âme et épure le cœur. Elles n'ont pas comme moi la richesse qui défend de toutes les mauvaises tentations de la misère... et pourtant elles vivent honnêtes et fières dans leur détresse.

— Le vice et la vertu n'existent pas pour ces canailles-là !... — s'écria M. le baron Tripeaud avec une expression de courroux et de mépris hideux.

— Madame, vous chasseriez un de vos laquais qui oserait parler ainsi devant vous —

dit Adrienne à sa tante sans pouvoir cacher son dégoût — Et vous m'obligez d'entendre de telles choses !...

Le marquis d'Aigrigny donna sous la table un coup de genou à M. Tripeaud, qui s'émancipait jusqu'à parler dans le salon de la princesse comme il parlait dans la coulisse de la Bourse, et il reprit vivement pour réparer la grossièreté du baron :

— Il n'y a, mademoiselle, aucune comparaison à établir entre ces gens-là... et une jeune personne de votre condition...

— Pour un catholique... monsieur l'abbé, cette distinction est peu chrétienne — répondit Adrienne.

— Je sais la portée de mes paroles, mademoiselle — reprit sèchement l'abbé — d'ailleurs cette vie indépendante, que vous voulez mener contre toute raison, aurait pour avenir les suites les plus fâcheuses ; car votre famille peut vouloir vous marier un jour, et...

— J'épargnerai ce souci à ma famille, monsieur ; si je veux me marier... je me marierai moi-même... ce qui est assez raisonnable, je pense, quoiqu'à vrai dire je sois peu tentée de cette lourde chaîne que l'égoïsme et la brutalité nous rivent à jamais au cou.

— Il est indécent, mademoiselle — dit la princesse — de parler aussi légèrement de cette institution.

— Devant vous surtout, madame... il est vrai, pardon de vous avoir choquée... Vous craignez que ma manière de vivre indépendante n'éloigne les prétendants... ce m'est une raison de plus pour persister dans mon indépendance, car j'ai horreur des prétendants. Tout ce que je désire c'est les épouvanter, c'est leur donner la plus mauvaise opinion de moi; et pour cela il n'y a pas de meilleur moyen que de paraître vivre absolument comme ils vivent eux-mêmes... Aussi je compte sur mes caprices, mes folies, sur mes chers défauts pour me préserver de toute ennuyeuse et conjugale poursuite.

— Vous serez à ce sujet complétement satisfaite, mademoiselle — reprit madame de Saint-Dizier — si malheureusement (et cela est à craindre) le bruit se répand que vous poussez l'oubli de tout devoir, de toute retenue jusqu'à rentrer chez vous à huit heures du matin, ainsi qu'on me l'a dit... Mais je ne veux ni n'ose croire à une telle énormité...

— Vous avez tort, madame... car cela est...

— Ainsi... vous l'avouez — s'écria la princesse.

— J'avoue tout ce que je fais, madame... Je suis rentrée ce matin à huit heures...

— Messieurs, vous l'entendez ! — s'écria la princesse.

— Ah !... fit M. d'Aigrigny d'une voix de basse-taille.

— Ah ! fit le baron d'une voix de fausset.

— Ah ! murmura le docteur avec un profond soupir.

En entendant ces exclamations lamentables, Adrienne fut sur le point de parler, de se justifier peut-être; mais à une petite moue dédaigneuse qu'elle fit, on vit qu'elle dédaignait de descendre à une explication.

— Ainsi... cela était vrai... — reprit la princesse — Ah ! mademoiselle... vous m'aviez habituée à ne m'étonner de rien... mais je doutais encore d'une pareille conduite... Il faut votre audacieuse réponse pour m'en convaincre...

— Mentir... m'a toujours paru, madame, beaucoup plus audacieux que de dire la vérité.

— Et d'où veniez vous, mademoiselle? et pourquoi...

— Madame — dit Adrienne en interrompant sa tante — jamais je ne mens... mais jamais je ne dis ce que je ne veux pas dire; puis c'est une lâcheté de se justifier d'une accusation révoltante. Ne parlons donc plus de ceci... vos insistances à cet égard seraient vaines; résumons-nous. Vous voulez m'imposer une dure et humiliante tutelle; moi je veux quitter le pavillon que j'habite ici pour aller vivre où bon me semble, à ma fantaisie... De vous ou de moi qui cédera? nous verrons; maintenant... autre chose... Cet hôtel m'appartient... il m'est indifférent de vous y voir demeurer puisque je le quitte, mais le rez-de-chaussée est inhabité... il contient, sans compter les pièces de réception, deux appartements complets; j'en ai disposé pour quelque temps.

— Vraiment, mademoiselle — dit la princesse en regardant M. d'Aigrigny avec une grande surprise, et elle ajouta ironiquement :

— Et pour qui, mademoiselle, en avez-vous disposé?

— Pour trois personnes de ma famille.

— Qu'est-ce que cela signifie? — dit madame de Saint-Dizier de plus en plus étonnée.

— Cela signifie, madame, que je veux offrir ici une généreuse hospitalité à un jeune prince indien, mon parent par ma mère; il arrivera dans deux ou trois jours, et je tiens à ce qu'il trouve ses appartements prêts à le recevoir.

— Entendez-vous, messieurs? — dit M. d'Aigrigny au docteur et à M. Tripeaud en affectant une stupeur profonde.

— Cela passe tout ce qu'on peut imaginer — dit le baron.

— Hélas! — dit le docteur avec componction — le sentiment est généreux en soi, mais toujours cette folle petite tête...

A merveille! — dit la princesse — je ne puis du moins vous empêcher, mademoiselle, d'énoncer les vœux les plus extravagants... Mais il est présumable que vous ne vous arrêterez pas en si beau chemin. Est-ce tout?

— Pas encore... madame; j'ai appris ce

matin même que deux de mes parentes aussi par ma mère... deux pauvres enfants de quinze ans... deux orphelines... les filles du maréchal Simon, étaient hier arrivées d'un long voyage et se trouvaient chez la femme du brave soldat qui les amène en France du fond de la Sibérie...

A ces mots d'Adrienne, M. d'Aigrigny et la princesse ne purent s'empêcher de tressaillir brusquement et de se regarder avec effroi, tant ils étaient éloignés de s'attendre à ce que mademoiselle de Cardoville fût instruite du retour des filles du maréchal Simon; cette révélation était pour eux foudroyante.

— Vous êtes sans doute étonnés de me voir si bien instruite — dit Adrienne — heureusement, j'espère vous étonner tout à l'heure davantage encore;.. mais pour en revenir aux filles du maréchal Simon, vous comprenez, madame, qu'il m'est impossible de les laisser à la charge des dignes personnes chez qui elles ont momentanément trouvé un asile; quoique cette famille soit aussi honnête que laborieuse, leur place n'est pas là... je vais donc les aller chercher pour les établir ici dans l'autre appartement du rez-de-chaussée... avec la femme du soldat qui fera une excellente gouvernante...

A ces mots, M. d'Aigrigny et le baron se regardèrent, et le baron s'écria :

— Décidément, la tête n'y est plus.

Adrienne ajouta, sans répondre à M. Tripeaud :

— Le maréchal Simon ne peut manquer d'arriver d'un moment à l'autre à Paris. Vous concevez, madame, combien il me sera doux de pouvoir lui présenter ses filles et de lui prouver qu'elles ont été traitées comme elles devaient l'être. Dès demain matin, je ferai venir des modistes, des couturières, afin que rien ne leur manque... Je veux qu'à son retour leur père les trouve belles... belles à éblouir... Elles sont jolies comme des anges, dit-on... Moi, pauvre profane... j'en ferai simplement des amours...

— Voyons, mademoiselle, est-ce bien tout cette fois ? — dit la princesse d'un ton sardonique et sourdement courroucé pendant que M. d'Aigrigny, calme et froid en apparence, dissimulait à peine de mortelles angoisses.

— Cherchez bien encore — continua la princesse en s'adressant à Adrienne. — N'avez-vous pas encore à augmenter de quelques parents cette intéressante colonie de famille?.. Une reine, en vérité, n'agirait pas plus magnifiquement que vous.

— En effet, madame, je veux faire à ma famille une réception royale... telle qu'elle est due à un fils de roi, et aux filles du maréchal duc de Ligny. Il est si bon de joindre tous les luxes au luxe de l'hospitalité du cœur.

— La maxime est généreuse assurément — dit la princesse de plus en plus agitée; — il est seulement dommage que pour la mettre en action vous ne possédiez pas les mines du Potose.

— C'est justement à propos d'une mine... et que l'on prétend des plus riches, que je désirais vous entretenir, madame; je ne pouvais trouver une occasion meilleure. Si considérable que soit ma fortune, elle serait peu de chose auprès de celle qui d'un moment à l'autre pourrait revenir à notre famille... et ceci arrivant, vous excuseriez peut-être alors, madame, ce que vous appelez mes prodigalités royales...

M. d'Aigrigny se trouvait sous le coup d'une position de plus en plus terrible...

L'affaire des médailles était si importante, qu'il l'avait cachée même au docteur Baleinier, tout en lui demandant ses services pour un intérêt immense; M. Tripeaud n'en avait pas non plus été instruit, car la princesse croyait avoir fait disparaître des papiers du père d'Adrienne tous les indices qui auraient pu mettre celle-ci sur la voie de cette découverte. Aussi non-seulement l'abbé voyait avec épouvante mademoiselle de Cardoville instruite de ce secret, mais il tremblait qu'elle ne le divulguât.

La princesse partageait l'effroi de M. d'Aigrigny, aussi s'écria-t-elle en interrompant sa nièce :

— Mademoiselle... il est certaines choses de famille qui doivent se tenir secrètes, et, sans comprendre positivement à quoi vous faites allusion, je vous engage à quitter ce sujet d'entretien...

— Comment donc, madame... ne sommes-nous pas ici en famille... ainsi que l'attestent les choses peu gracieuses que nous venons d'échanger?

— Mademoiselle... il n'importe;... lorsqu'il s'agit d'affaires d'intérêt plus ou moins contestables, il est parfaitement inutile d'en parler, à moins d'avoir les pièces sous les yeux.

— Et de quoi parlons-nous donc depuis une heure, madame, si ce n'est d'affaires d'intérêt? En vérité, je ne comprends pas votre étonnement... votre embarras...

— Je ne suis ni étonnée ni embarrassée... mademoiselle;... mais depuis deux heures, vous me forcez d'entendre des choses si nouvelles, si extravagantes, qu'en vérité un peu de stupeur est bien permis.

— Je vous demande pardon, madame, vous êtes très-embarrassée — dit Adrienne en regardant fixement sa tante — M. d'Aigrigny aussi... ce qui, joint à certains soupçons, que je n'ai pas eu le temps d'éclaircir...

Puis, après une pause, Adrienne reprit :

— Aurais-je donc deviné juste?... Nous allons le voir...

— Mademoiselle, je vous ordonne de vous taire — s'écria la princesse perdant complétement la tête.

— Ah! madame — dit Adrienne — pour une personne ordinairement si maîtresse d'elle-même... vous vous compromettez beaucoup.

La *Providence*, comme on dit, vint heureusement au secours de la princesse et de l'abbé d'Aigrigny, à ce moment si dangereux.

Un valet de chambre entra; sa figure était si effarée, si altérée, que la princesse lui dit vivement :

— Eh bien, Dubois! qu'y a-t-il?

— Je demande pardon à madame la princesse de venir l'interrompre malgré ses ordres formels ; mais monsieur le commissaire de police demande à lui parler à l'instant même; il est en bas... plusieurs agents sont dans la cour avec des soldats.

Malgré la profonde surprise que lui causait ce nouvel incident, la princesse, voulant profiter de cette occasion pour se concerter promptement avec M. d'Aigrigny au sujet des menaçantes révélations d'Adrienne, dit à l'abbé en se levant :

— Monsieur d'Aigrigny, auriez-vous l'obligeance de m'accompagner, car je ne sais pas ce que peut signifier la présence du commissaire de police chez moi.

M. d'Aigrigny suivit madame de Saint-Dizier dans la pièce voisine.

CHAPITRE VII.

LA TRAHISON.

La princesse de Saint-Dizier, accompagnée de M. d'Aigrigny et suivie du valet de chambre, s'arrêta dans une pièce voisine de son cabinet où étaient restés Adrienne, M. Tripeaud et le médecin.

— Où est le commissaire de police?

Demanda la princesse à celui de ses gens qui était venu lui annoncer l'arrivée de ce magistrat.

— Madame, il est là dans le salon bleu.

— Priez-le de ma part de vouloir bien m'attendre quelques instants.

Le valet de chambre s'inclina et sortit.

Dès qu'il fut dehors madame de Saint-

Dizier s'approcha vivement de M. d'Aigrigny, dont la physionomie, ordinairement ferme et hautaine, était pâle et sombre.

— Vous le voyez — s'écria-t-elle d'une voix précipitée — Adrienne sait tout maintenant; que faire?... que faire?...

— Je ne sais... — dit l'abbé le regard fixe et absorbé... — cette révélation est un coup terrible.

— Tout est-il donc perdu?

— Il n'y aurait qu'un moyen de salut — dit M. d'Aigrigny — ce serait... le docteur...

— Mais comment? — s'écria la princesse — si vite? aujourd'hui même?

— Dans deux heures il sera trop tard; cette fille diabolique aura vu les filles du général Simon...

— Mais... mon Dieu... Frédérik... c'est impossible... M. Baleinier ne pourra jamais... il aurait fallu préparer cela de longue main, comme nous devions le faire après l'interrogatoire d'aujourd'hui.

— Il n'importe — reprit vivement l'abbé — il faut que le docteur essaie à tout prix.

— Mais sous quel prétexte?

— Je vais tâcher d'en trouver un...

— En admettant que vous trouviez ce prétexte, Frédérik, s'il faut agir aujourd'hui, rien ne sera préparé... *là-bas.*

— Rassurez-vous; par habitude de prévoir, on est toujours prêt.

— Et comment prévenir le docteur à l'instant même? — reprit la princesse.

— Le faire demander... cela éveillerait les soupçons de votre nièce — dit M. d'Aigrigny pensif — et c'est, avant tout, ce qu'il faut éviter.

— Sans doute — reprit la princesse — cette confiance est l'une de nos plus grandes ressources.

— Un moyen — dit vivement l'abbé — je vais écrire quelques mots à la hâte à Baleinier; un de vos gens les lui portera, comme si cette lettre venait du dehors... d'un malade pressant...

— Excellente idée — s'écria la princesse — vous avez raison... tenez.... là sur cette table... il y a tout ce qui est nécessaire pour écrire... Vite, vite;... mais le docteur réussira-t-il?

— A vrai dire, je n'ose l'espérer — dit le marquis en s'asseyant près de la table avec un courroux contenu. — Grâce à cet interrogatoire, qui, du reste, a été au delà de nos espérances, et que notre homme caché par nos soins derrière la portière de la chambre voisine a fidèlement sténographié; grâce aux scènes violentes qui doivent avoir nécessairement lieu demain et après, le docteur, en s'entourant d'habiles précautions, aurait pu agir avec la plus entière certitude... Mais lui demander cela aujourd'hui... tout à l'heure... Tenez... Herminie.. c'est folie que d'y penser!

— Et le marquis jeta brusquement la plume qu'il avait à la main, puis il ajouta avec un accent d'irritation amère et profonde : — Au moment de réussir, voir toutes nos espérances anéanties... Ah! les conséquences de tout ceci seront incalculables... Votre nièce... nous fait bien du mal... oh! bien du mal...

Il est impossible de rendre l'expression de sourde colère, de haine implacable, avec laquelle M. d'Aigrigny prononça ces derniers mots.

— Frédérik! — s'écria la princesse avec

anxiété en appuyant vivement sa main sur la main de l'abbé — je vous en conjure, ne désespérez pas encore... l'esprit du docteur est si fécond en ressources, il nous est si dévoué.... essayons toujours...

—Enfin — c'est du moins une chance...— dit l'abbé en reprenant la plume.

— Mettons la chose au pis... — dit la princesse — qu'Adrienne aille ce soir... chercher les filles du maréchal Simon... Peut-être ne les trouvera-t-elle plus...

— Il ne faut pas espérer cela, il est impossible que les ordres de Rodin aient été si promptement exécutés... nous en aurions été avertis.

— Il est vrai... écrivez alors au docteur... je vais vous envoyer Dubois; il lui portera votre lettre. Courage, Frédérik; nous aurons raison de cette fille intraitable... — puis, madame de Saint-Dizier ajouta avec une rage concentrée : — Oh! Adrienne... Adrienne... vous payerez bien cher... vos insolents sarcasmes et les angoisses que vous nous causez.

Au moment de sortir, la princesse se retourna et dit à M. d'Aigrigny :

— Attendez-moi ici; je vous dirai ce que signifie la visite de ce commissaire et nous rentrerons ensemble.

La princesse disparut.

M. d'Aigrigny écrivit quelques mots à la hâte d'une main convulsive.

CHAPITRE VIII.

LE PIÉGE.

Après la sortie de madame de Saint-Dizier et du marquis, Adrienne était restée dans le cabinet de sa tante avec M. Baleinier et le baron Tripeaud.

En entendant annoncer l'arrivée du commissaire, mademoiselle de Cardoville avait ressenti une vive inquiétude, car sans doute, ainsi que l'avait craint Agricol, le magistrat venait demander l'autorisation de faire des recherches dans l'intérieur de l'hôtel et du pavillon, afin de retrouver le forgeron, que l'on y croyait caché.

Quoiqu'elle regardât comme très-secrète la retraite d'Agricol, Adrienne n'était pas complétement rassurée; aussi, dans la prévision d'une éventualité fâcheuse, elle trouvait une occasion très-opportune de recommander instamment son protégé au docteur, ami fort intime, nous l'avons dit, de l'un des ministres les plus influents de l'époque.

La jeune fille s'approcha donc du médecin, qui causait à voix basse avec le baron, et, de sa voix la plus douce, la plus câline :

— Mon bon monsieur Baleinier... je désirerais vous dire deux mots...

Et du regard, la jeune fille lui montra la profonde embrasure d'une croisée.

— A vos ordres... mademoiselle... — répondit le médecin en se levant pour suivre Adrienne auprès de la fenêtre.

M. Tripeaud, qui, ne se sentant plus soutenu par la présence de l'abbé, craignait la jeune fille comme le feu, fut très-satisfait de cette diversion; pour se donner une contenance, il alla se remettre en contemplation devant un tableau de sainteté qu'il semblait ne pas se lasser d'admirer...

Lorsque mademoiselle de Cardoville fut assez éloignée du baron pour n'être pas entendue de lui, elle dit au médecin, qui, toujours souriant, toujours bienveillant, attendait qu'elle s'expliquât :

— Mon bon docteur, vous êtes mon ami, vous avez été celui de mon père... Tout à l'heure, malgré la difficulté de votre position, vous vous êtes courageusement montré mon seul partisan...

— Mais pas du tout, mademoiselle, n'allez pas dire de pareilles choses — dit le docteur en affectant un courroux plaisant : — Peste ! vous me feriez de belles affaires... Voulez-vous bien vous taire... *Vade retro, Satanas !!* ce qui veut dire : Laissez-moi tranquille, charmant petit démon que vous êtes !

— Rassurez-vous — dit Adrienne en souriant — je ne vous compromettrai pas ; mais permettez-moi seulement de vous rappeler que bien souvent vous m'avez fait des offres de service... vous m'avez parlé de votre dévouement.

— Mettez-moi à l'épreuve... et vous verrez si je m'en tiens à des paroles.

— Eh bien ! donnez-moi une preuve sur-le-champ — dit vivement Adrienne.

— A la bonne heure, voilà comme j'aime à être pris au mot... Que faut-il faire pour vous ?

— Vous êtes toujours fort lié avec votre ami le ministre ?

— Sans doute ; je le soigne justement d'une extinction de voix : il en a toujours la veille du jour où on doit l'interpeller ; il aime mieux ça...

— Il faut que vous obteniez de votre ministre quelque chose de très-important pour moi.

— Pour vous ?... Et quel rapport ?...

Le valet de chambre de la princesse entra, remit une lettre à M. Baleinier, et lui dit :

— Un domestique étranger vient d'apporter à l'instant cette lettre pour monsieur le docteur : c'est très-pressé...

Le médecin prit la lettre, le valet de chambre sortit.

— Voici les désagréments du mérite — lui dit en souriant Adrienne ; — on ne vous laisse pas un moment de repos, mon pauvre docteur.

— Ne m'en parlez pas, mademoiselle — dit le médecin qui ne put cacher un mouvement de surprise en reconnaissant l'écriture de M. d'Aigrigny — ces diables de malades croient en vérité que nous sommes de fer et que nous accaparons toute la santé qui leur manque;... ils sont impitoyables... Mais vous permettez, mademoiselle — dit M. Baleinier en interrogeant Adrienne du regard avant de décacheter la lettre.

Mademoiselle de Cardoville répondit par un gracieux signe de tête.

La lettre du marquis d'Aigrigny n'était pas longue ; le médecin la lut d'un trait : et malgré sa prudence habituelle il haussa les épaules, et dit vivement :

— Aujourd'hui... mais c'est impossible... il est fou...

— Il s'agit sans doute de quelque pauvre malade qui a mis en vous tout son espoir... qui vous attend, qui vous appelle... Allons, mon cher monsieur Baleinier, soyez bon... ne repoussez pas sa prière... il est si doux de justifier la confiance qu'on inspire !...

Il y avait à la fois un rapprochement et une contradiction si extraordinaires entre l'objet de cette lettre écrite à l'instant même au médecin par le plus implacable ennemi d'Adrienne, et les paroles de commisération que celle-ci venait de prononcer d'une voix touchante que le docteur Baleinier en fut frappé.

Il regarda mademoiselle de Cardoville d'un air presque embarrassé et répondit :

— Il s'agit, en effet... de l'un de mes clients qui compte beaucoup sur moi... beaucoup trop même... car il me demande une chose impossible... Mais pourquoi vous intéresser à un inconnu?

— S'il est malheureux... je le connais... Mon protégé pour qui je vous demande l'appui de votre ministre m'était aussi à peu près inconnu... et maintenant je m'y intéresse on ne peut plus vivement; car, puisqu'il faut vous le dire, mon protégé est fils de ce digne soldat qui a ramené ici, du fond de la Sibérie, les filles du maréchal Simon.

— Comment... votre protégé est...

— Un brave artisan... le soutien de sa famille;... mais je dois tout vous dire... voici comme les choses se sont passées...

La confidence qu'Adrienne allait faire au

docteur fut interrompu par madame de Saint-Dizier, qui, suivie de M. d'Aigrigny, ouvrit violemment la porte de son cabinet.

On lisait sur la physionomie de la princesse une expression de joie infernale à peine dissimulée par un faux semblant d'indignation courroucée.

M. d'Aigrigny en entrant dans le cabinet avait jeté rapidement un regard interrogatif et inquiet au docteur Baleinier.

Celui-ci répondit par un mouvement de tête négatif.

L'abbé se mordit les lèvres de rage muette; ayant mis ses dernières espérances dans le docteur, il dut considérer ses projets comme à jamais ruinés, malgré le nouveau coup que la princesse allait porter à Adrienne.

— Messieurs — dit madame de Saint-Dizier d'une voix brève, précipitée, car elle suffoquait de satisfaction méchante — messieurs, veuillez prendre place... j'ai de nouvelles et curieuses choses à vous apprendre au sujet de cette... demoiselle.

Et elle désigna sa nièce d'un regard de haine et de mépris impossible à rendre.

— Allons... ma pauvre enfant, qu'y a-t-il? que vous veut-on encore? — dit M. Baleinier d'un ton patelin avant de quitter la fenêtre où il se tenait à côté d'Adrienne; — quoi qu'il arrive, comptez toujours sur moi.

Et ce disant, le médecin alla prendre place à côté de M. d'Aigrigny et de M. Tripeaud.

A l'insolente apostrophe de sa tante, mademoiselle de Cardoville avait fièrement redressé la tête...

La rougeur lui monta au front; impatientée, irritée des nouvelles attaques dont on la menaçait, elle s'avança vers la table où la princesse était assise et dit d'une voix émue à M. Baleinier :

— Je vous attends chez moi le plus tôt possible... mon cher docteur; vous le savez, j'ai absolument besoin de vous parler.

Et Adrienne fit un pas vers la bergère où était son chapeau.

La princesse se leva brusquement et s'écria :

— Que faites-vous, mademoiselle?

— Je me retire, madame... Vous m'avez signifié vos volontés, je vous ai signifié les miennes; cela suffit : quant aux affaires d'intérêt je chargerai quelqu'un de mes réclamations.

Mademoiselle de Cardoville prit son chapeau.

Madame de Saint-Dizier, voyant sa proie lui échapper, courut précipitamment à sa nièce, et, au mépris de toute convenance, lui saisit violemment le bras d'une main convulsive en lui disant :

— Restez!!!

— Ah!... madame... — fit Adrienne avec un accent de douloureux dédain ; — où sommes-nous donc ici?...

— Vous voulez vous échapper... vous avez peur?

Lui dit madame de Saint-Dizier en la toisant d'un air de dédain.

Avec ces mots : — *Vous avez peur...*, on aurait fait marcher Adrienne de Cardoville dans la fournaise. Dégageant son bras de l'étreinte de sa tante par un geste rempli de noblesse et de fierté, elle jeta sur le fauteuil le chapeau qu'elle tenait à la main, et, revenant auprès de la table, elle dit impérieusement à la princesse :

— Il y a quelque chose de plus fort que le profond dégoût que tout ceci m'inspire... c'est la crainte d'être accusée de lâcheté ; parlez, madame... je vous écoute.

Et la tête haute, le teint légèrement coloré, le regard à demi voilé par une larme d'indignation, les bras croisés sur son sein, qui, malgré elle, palpitait d'une vive émotion, frappant convulsivement le tapis du bout de son joli pied, Adrienne attacha sur sa tante un coup d'œil assuré.

La princesse voulut alors distiller goutte à goutte le venin dont elle était gonflée, et faire souffrir sa victime le plus long-temps possible, certaine qu'elle ne lui échapperait pas.

— Messieurs — dit madame de Saint-Dizier d'une voix contenue — voici ce qui vient de se passer... On m'a avertie que le commissaire de police désirait me parler ; je me suis rendue auprès de ce magistrat ; il s'est excusé d'un air peiné du devoir qu'il avait à remplir. Un homme sous le coup d'un mandat d'amener avait été vu entrant dans le pavillon du jardin...

LE PIÉGE.

Adrienne tressaillit; plus de doute, il s'agissait d'Agricol.

Mais elle redevint impassible, en songeant à la sûreté de la cachette où elle l'avait fait conduire.

— Le magistrat — continua la princesse — me demanda de procéder à la recherche de cet homme, soit dans l'hôtel, soit dans le pavillon. C'était son droit. Je le priai de commencer par le pavillon et je l'accompagnai... Malgré la conduite inqualifiable de mademoiselle, il ne me vint pas un moment à la pensée, je l'avoue, de croire qu'elle fût mêlée en quelque chose à cette déplorable affaire de police... Je me trompais.

— Que voulez-vous dire, madame? — s'écria Adrienne.

— Vous allez le savoir, mademoiselle — dit la princesse d'un air triomphant. — Chacun son tour... Vous vous êtes, tout à l'heure, un peu trop hâtée de vous montrer si railleuse et si altière... J'accompagne donc le commissaire dans ses recherches... Nous arrivons au pavillon... Je vous laisse à penser l'étonnement, la stupeur de ce magistrat à la vue de ces trois créatures, costumées comme des filles de théâtre... Le fait a été d'ailleurs, à ma demande, consigné dans le procès-verbal ; car on ne saurait trop certifier aux yeux de tous... de pareilles extravagances.

— Madame la princesse a fort sagement agi — dit le Tripeaud en s'inclinant. — Il était bon d'édifier aussi la justice à ce sujet.

Adrienne, trop vivement préoccupée du sort de l'artisan pour songer à répondre vertement à Tripeaud ou à madame de Saint-Dizier, écoutait en silence, cachant son inquiétude.

— Le magistrat — reprit madame de Saint-Dizier — a commencé par interroger sévèrement ces jeunes filles, et leur a demandé si aucun homme ne s'était, à leur connaissance, introduit dans le pavillon occupé par mademoiselle ;... elles ont répondu avec une incroyable audace qu'elles n'avaient vu personne entrer...

— Les braves et honnêtes filles ! — pensa mademoiselle de Cardoville avec joie ; — ce pauvre ouvrier est sauvé... la protection du docteur Baleinier fera le reste...

— Heureusement — reprit la princesse — une de mes femmes, madame Grivois, m'avait accompagnée; cette excellente personne se rappelant avoir vu mademoiselle rentrer chez elle, ce matin, à huit heures, dit *naïvement* au magistrat qu'il se pourrait fort bien que l'homme que l'on cherchait se fût introduit par la petite porte du jardin, laissée involontairement ouverte... par mademoiselle... en revenant.

— Il eût été bon, madame la princesse — dit Tripeaud — de faire aussi consigner au procès-verbal, que mademoiselle était rentrée chez elle à huit heures du matin...

— Je n'en vois pas la nécessité — dit le docteur fidèle à son rôle — ceci était complétement en dehors des recherches auxquelles se livrait le commissaire.

— Mais, docteur — dit Tripeaud.

— Mais, monsieur le baron — reprit M. Baleinier d'un ton ferme — c'est mon opinion.

— Et ce n'est pas la mienne, docteur — dit la princesse; — ainsi que M. Tripeaud — j'ai pensé qu'il était important que la chose fût établie au procès-verbal, et j'ai vu au regard confus et douloureux du magistrat combien il lui était pénible d'avoir à enregistrer la scandaleuse conduite d'une jeune personne placée dans une si haute position sociale...

— Sans doute, madame — dit Adrienne impatientée — je crois votre pudeur à peu près égale à celle de ce candide commissaire de police; mais il me semble que votre commune innocence s'alarmait un peu trop promptement; vous et lui auriez pu réfléchir qu'il n'y avait rien d'extraordinaire à ce que étant sortie, je suppose, à six heures du matin, je fusse rentrée à huit.

— L'excuse, quoique tardive... est du moins adroite — dit la princesse avec dépit.

— Je ne m'excuse pas, madame — répondit fièrement Adrienne; — mais, comme M. Baleinier a bien voulu dire un mot en ma faveur, par amitié pour moi, je donne l'interprétation possible d'un fait qu'il ne me convient pas d'expliquer devant vous...

— Alors le fait demeure acquis au procès-verbal... jusqu'à ce que mademoiselle en donne l'explication — dit le Tripeaud.

L'abbé d'Aigrigny, le front appuyé sur sa main, restait pour ainsi dire étranger à cette scène, effrayé qu'il était des suites qu'allait avoir l'entrevue de mademoiselle de Cardoville avec les filles du maréchal Simon, car il ne fallait pas songer à empêcher matériellement Adrienne de sortir ce soir-là.

Madame de Saint-Dizier reprit :

— Le fait qui avait si cruellement scandalisé le commissaire, n'est rien encore... auprès de ce qui me reste à vous apprendre, messieurs... nous avons donc parcouru le pavillon dans tous les sens sans trouver personne... nous allions quitter la chambre à coucher de mademoiselle, car nous avions visité cette pièce en dernier lieu, lorsque madame Grivois me fit remarquer que l'une des moulures dorées d'une fausse porte ne rejoignait pas hermétiquement;... nous attirons l'attention du magistrat sur cette singularité; ses agents examinent... cherchent;... un panneau glisse sur lui-même... et alors... savez-vous ce que l'on découvre?... non... non, cela est tellement odieux, tellement révoltant... que je n'oserai jamais...

— Eh bien j'oserai, moi, madame — dit résolument Adrienne, qui vit avec un profond chagrin la retraite d'Agricol découverte ; j'épargnerai, madame, à votre candeur le récit de ce nouveau scandale... et ce que je vais dire n'est d'ailleurs nullement pour me justifier.

— La chose en vaudrait pourtant la peine... mademoiselle — dit madame de Saint-Dizier avec un sourire méprisant — un homme caché par vous dans votre chambre à coucher.

— Un homme caché dans sa chambre à coucher !... — s'écria le marquis d'Aigrigny en redressant la tête avec une indignation qui cachait à peine une joie cruelle.

— Un homme dans la chambre à coucher de mademoiselle ! — ajouta le baron Tripeaud. — Et cela a été, je l'espère, aussi consigné au procès-verbal ?

— Oui, oui, monsieur — dit la princesse d'un air triomphant.

— Mais cet homme — dit le docteur d'un air hypocrite — était sans doute un voleur ? Cela s'explique ainsi de soi-même, tout autre soupçon... n'est pas vraisemblable...

— Votre indulgence pour mademoiselle vous égare, monsieur Baleinier — dit sèchement la princesse.

— On connaît cette espèce de voleurs-là — dit Tripeaud — ce sont ordinairement de beaux jeunes gens très-riches...

— Vous vous trompez, monsieur — reprit madame de Saint-Dizier — mademoiselle n'élève pas ses vues si haut... elle prouve qu'une erreur peut être non-seulement criminelle, mais encore ignoble... Aussi, je ne m'étonne plus des sympathies que mademoiselle affichait tout à l'heure pour le populaire... C'est d'autant plus touchant et plus attendrissant, que cet homme, caché par mademoiselle chez elle, portait une blouse.

— Une blouse!... — s'écria le baron avec l'air du plus profond dégoût — mais alors... c'était donc un homme du peuple? c'est à faire dresser les cheveux sur la tête...

— Cet homme est un ouvrier forgeron ; il l'a avoué — dit la princesse — mais il faut être juste, c'est un assez beau garçon, et sans doute, mademoiselle, dans la singulière religion qu'elle professe pour le beau...

— Assez, madame... assez — dit tout à coup Adrienne, qui, dédaignant de répondre, avait jusqu'alors écouté sa tante avec une indignation croissante et douloureuse — j'ai été tout à l'heure sur le point de me justifier à propos d'une de vos odieuses insinuations;... je ne m'exposerai pas une seconde fois à une pareille faiblesse... Un mot seulement, madame... cet honnête et loyal artisan est arrêté sans doute ?

— Certes, il a été arrêté et conduit en prison sous bonne escorte... cela vous fend le cœur, n'est-ce pas, mademoiselle ?... — dit la princesse d'un air triomphant; — il faut, en effet, que votre tendre pitié pour cet intéressant forgeron soit bien grande, car vous perdez votre assurance ironique.

— Oui, madame, car j'ai mieux à faire que de railler ce qui est odieux et ridicule — dit Adrienne, dont les yeux se voilaient de larmes en songeant aux inquiétudes cruelles de la famille d'Agricol prisonnier, et prenant son chapeau, elle le mit sur sa tête, en noua les rubans, et s'adressant au docteur :

— Monsieur Baleinier, je vous ai tout à

l'heure demandé votre protection auprès du ministre...

— Oui, mademoiselle... et je me ferai un plaisir d'être votre intermédiaire auprès de lui.

— Votre voiture est en bas?

— Oui, mademoiselle... — dit le docteur singulièrement surpris.

— Vous allez être assez bon pour me conduire à l'instant chez le ministre... Présentée par vous, il ne me refusera pas la grâce ou plutôt la justice que j'ai à solliciter de lui.

— Comment, mademoiselle — dit la princesse — vous osez prendre une telle détermination sans mes ordres après ce qui vient de se passer?... mais c'est inouï.

— Cela fait pitié — ajouta M. Tripeaud — mais il faut s'attendre à tout.

Au moment où Adrienne avait demandé au docteur si sa voiture était en bas, l'abbé d'Aigrigny avait tressailli...

Un éclair de satisfaction radieuse, inespérée, avait brillé dans son regard, et c'est à peine s'il put contenir sa violente émotion lorsqu'adressant un coup d'œil aussi rapide que significatif au médecin; celui-ci lui répondit en baissant par deux fois les paupières en signe d'intelligence et de consentement.

Aussi lorsque la princesse reprit d'un ton courroucé en s'adressant à Adrienne : — Mademoiselle je vous défends de sortir — M. d'Aigrigny dit à madame de Saint-Dizier avec une inflexion de voix particulière : — Il me semble, madame, que l'on peut confier mademoiselle *aux soins de monsieur le docteur.*

Le marquis prononça ces mots *aux soins de monsieur le docteur* d'une manière si significative que la princesse ayant regardé tour à tour le médecin et M. d'Aigrigny comprit tout, et sa figure rayonna.

Non-seulement ceci s'était passé très-rapidement, mais la nuit était déjà presque venue : aussi Adrienne, plongée dans la préoccupation pénible que lui causait le sort d'Agricol, ne put s'apercevoir de ces différents signes échangés entre la princesse, le docteur et l'abbé, signes qui d'ailleurs eussent été pour elle incompréhensibles.

Madame de Saint-Dizier, ne voulant pas

cependant paraître céder trop facilement à l'observation du marquis, reprit :

— Quoique M. le docteur me semble avoir été d'une grande indulgence pour mademoiselle, je ne verrais peut-être pas d'inconvénients à la lui confier... Pourtant... je ne voudrais pas laisser établir un pareil précédent, car d'aujourd'hui mademoiselle ne doit avoir d'autre volonté que la mienne.

— Madame la princesse — dit gravement le médecin feignant d'être un peu choqué des paroles de madame de Saint-Dizier — je ne crois pas avoir été indulgent pour mademoiselle, mais juste... je suis à ses ordres pour la conduire chez le ministre, si elle le désire ; j'ignore ce qu'elle veut solliciter, mais je la crois incapable d'abuser de la confiance que j'ai en elle, et de me faire appuyer une recommandation imméritée.

Adrienne, émue, tendit cordialement sa main au docteur, et lui dit :

— Soyez tranquille, mon digne ami... vous me saurez gré de la démarche que je vous fais faire, car vous serez de moitié dans une noble action...

Le Tripeaud, qui n'était pas dans le secret des nouveaux desseins du docteur et de l'abbé, dit tout bas à celui-ci d'un air stupéfait :

— Comment! on la laisse partir?

— Oui, oui — répondit brusquement M. d'Aigrigny en lui faisant signe d'écouter la princesse, qui allait parler.

En effet, celle-ci s'avança vers sa nièce, et lui dit d'une voix lente et mesurée, appuyant sur chacune de ses paroles :

— Un mot encore, mademoiselle... un dernier mot devant ces messieurs. — Répondez : malgré les charges terribles qui pèsent sur vous, êtes-vous toujours décidée à méconnaître mes volontés formelles?

— Oui, madame.

— Malgré le scandaleux éclat qui vient d'avoir lieu, vous prétendez toujours vous soustraire à mon autorité?

— Oui, madame.

— Ainsi, vous refusez positivement de vous soumettre à la vie décente et sévère que je veux vous imposer?

— Je vous ai dit tantôt, madame, que je

quitterais cette demeure pour vivre seule et à ma guise.

— Est-ce votre dernier mot?

— C'est mon dernier mot.

— Réfléchissez... ceci est bien grave... prenez garde!...

— Je vous ai dit, madame, mon dernier mot... je ne le dis jamais deux fois...

— Messieurs... vous l'entendez — reprit la princesse — j'ai fait tout au monde et en vain pour arriver à une conciliation; mademoiselle n'aura donc qu'à s'en prendre à elle-même des mesures auxquelles une aussi audacieuse révolte me force de recourir.

— Soit, madame — dit Adrienne.

Puis s'adressant à M. Baleinier, elle lui dit vivement :

— Venez... venez, mon cher docteur, je meurs d'impatience, partons vite... chaque minute perdue peut coûter des larmes bien amères à une honnête famille.

Et Adrienne sortit précipitamment du salon avec le médecin.

Un des gens de la princesse fit avancer la voiture de M. Baleinier; aidé par lui, Adrienne y monta sans s'apercevoir qu'il disait quelques mots tout bas au valet de pied qui avait ouvert la portière.

Lorsque le docteur fut assis à côté de mademoiselle de Cardoville, le domestique ferma la voiture. Au bout d'une seconde il dit à haute voix au cocher :

— A l'hôtel du ministre, par la petite entrée !

Les chevaux partirent rapidement.

CHAPITRE IX.

UN FAUX AMI.

La nuit était venue, sombre et froide.

Le ciel, pur jusqu'au coucher du soleil, se voilait de plus en plus de nuées grises, livides; le vent, soufflant avec force, soulevait çà et là par tourbillons une neige épaisse qui commençait à tomber.

Les lanternes ne jetaient qu'une clarté douteuse dans l'intérieur de la voiture du docteur Baleinier, où il était seul avec Adrienne de Cardoville.

La charmante figure d'Adrienne, encadrée dans son petit chapeau de castor gris, faiblement éclairée par la lueur des lanternes, se dessinait blanche et pure sur le fond sombre de l'étoffe dont était garni l'intérieur de la voiture, alors embaumée de ce parfum doux et suave, on dirait presque voluptueux, qui émane toujours des vêtements des femmes d'une exquise recherche; la pose de la jeune fille, assise auprès du docteur, était remplie de grâce; sa taille élégante et svelte, emprisonnée dans sa robe montante de drap bleu, imprimait sa souple ondulation au moelleux dossier où elle s'appuyait; ses petits pieds, croisés l'un sur l'autre et un peu allongés, reposaient sur une épaisse peau d'ours servant de tapis; de sa main gauche, éblouissante et nue, elle tenait son mouchoir magnifiquement brodé, dont, au grand étonnement de M. Baleinier, elle essuya ses yeux humides de larmes.

Oui, car cette jeune fille subissait alors la réaction des scènes pénibles auxquelles elle venait d'assister à l'hôtel de Saint-Dizier; à l'exaltation fébrile, nerveuse, qui l'avait jusqu'alors soutenue, succédait chez elle un abattement douloureux; car Adrienne, si résolue dans son indépendance, si fière dans son dédain, si implacable dans son ironie, si audacieuse dans sa révolte contre une injuste oppression, était d'une sensibilité profonde qu'elle dissimulait toujours devant sa tante et devant son entourage.

Malgré son assurance, rien n'était moins viril, moins *virago* que mademoiselle de Cardoville : elle était essentiellement *femme;* mais aussi, comme femme, elle savait prendre un grand empire sur elle-même dès que la moindre marque de faiblesse de sa part pouvait réjouir ou enorgueillir ses ennemis.

La voiture roulait depuis quelques minutes; Adrienne, essuyant silencieusement ses larmes au grand étonnement du docteur, n'avait pas encore prononcé une parole.

— Comment..... ma chère mademoiselle Adrienne ! — dit M. Baleinier véritablement surpris de l'émotion de la jeune fille — comment !... vous, tout à l'heure encore si courageuse... vous pleurez ?

— Oui — répondit Adrienne d'une voix altérée — je pleure... devant vous... un ami... mais devant ma tante... oh ! jamais

— Pourtant... dans ce long entretien... vos épigrammes...

— Eh! mon Dieu... croyez-vous donc que ce n'est pas malgré moi que je me résigne à briller dans cette guerre de sarcasmes?... Rien ne me déplaît autant que ces sortes de luttes d'ironie amère où me réduit la nécessité de me défendre contre cette femme et ses amis... Vous parlez de mon courage... il ne consistait pas, je vous l'assure, à faire montre d'un esprit méchant... mais à contenir, à cacher tout ce que je souffrais en m'entendant traiter si grossièrement... devant des gens que je hais, que je méprise... moi qui, après tout, ne leur ai jamais fait de mal, moi qui ne demande qu'à vivre seule, libre, tranquille, et à voir des gens heureux autour de moi.

— Que voulez-vous? on envie et votre bonheur et celui que les autres vous doivent...

— Et c'est ma tante! — s'écria Adrienne avec indignation — ma tante, dont la vie n'a été qu'un long scandale, qui m'accuse d'une manière si révoltante! comme si elle ne me connaissait pas assez fière, assez loyale pour ne faire qu'un choix dont je puisse m'honorer

hautement... Mon Dieu, quand j'aimerai, je le dirai, je m'en glorifierai, car l'amour, comme je le comprends, est ce qu'il y a de plus magnifique au monde...— Puis Adrienne reprit avec un redoublement d'amertume :
— A quoi donc servent l'honneur et la franchise, s'ils ne vous mettent pas même à l'abri de soupçons encore plus stupides qu'odieux !!

Ce disant, mademoiselle de Cardoville porta de nouveau son mouchoir à ses yeux.

— Voyons, ma chère mademoiselle Adrienne — dit M. Baleinier d'une voix onctueuse et pénétrée — calmez-vous... tout ceci est passé... vous avez en moi un ami dévoué...

Et cet homme, en disant ces mots, rougit malgré son astuce diabolique.

— Je le sais, vous êtes mon ami. — dit Adrienne — je n'oublierai jamais que vous vous êtes exposé aujourd'hui aux ressentiments de ma tante en prenant mon parti, car je n'ignore pas qu'elle est puissante,... oh! bien puissante pour le mal...

— Quant à cela... — dit le docteur en affectant une profonde indifférence — nous autres médecins... nous sommes à l'abri de bien des rancunes...

— Ah! mon cher monsieur Baleinier, c'est que madame de Saint-Dizier et ses amis ne pardonnent guère ! — et la jeune fille frissonna. — Il a fallu mon invincible aversion, mon horreur innée de tout ce qui est lâche, perfide et méchant, pour m'amener à rompre si ouvertement avec elle... Mais il s'agirait... que vous dirai-je?... de la mort... que je n'hésiterais pas... et pourtant — ajouta-t-elle avec un de ces gracieux sourires qui donnaient tant de charmes à sa ravissante physionomie — j'aime bien la vie... et si j'ai un reproche à me faire... c'est de l'aimer trop brillante, trop belle... trop harmonieuse;... mais, vous le savez, je me résigne à mes défauts...

— Allons, allons, je suis plus tranquille — dit le docteur gaiement — vous souriez... c'est bon signe...

— Souvent, c'est le plus sage... et pourtant... le devrais-je, après les menaces que ma tante vient de me faire? Pourtant, que peut-elle? quelle était la signification de cette espèce de conseil de famille ? Sérieusement, a-t-elle pu croire que l'avis d'un M. d'Aigrigny, d'un M. Tripeaud pût m'influencer !... Et puis, elle a parlé de mesures rigoureuses... Quelles mesures peut-elle prendre ?... le savez-vous ?...

— Je crois, entre nous, que la princesse a voulu seulement vous effrayer.... et qu'elle compte agir sur vous par persuasion... elle a l'inconvénient de se croire une mère de l'Église et elle rêve votre conversion — dit malicieusement le docteur, qui alors voulait surtout rassurer à tout prix Adrienne ; — mais ne pensons plus à cela... il faut que vos beaux yeux brillent de leur éclat pour séduire, pour fasciner le ministre que nous allons voir...

— Vous avez raison, mon cher docteur... on devrait toujours fuir le chagrin, car un de ses moindres désagréments est de vous faire oublier les chagrins des autres ;... mais voyez, j'use de votre bonne obligeance sans vous dire ce que j'attends de vous...

— Nous avons heureusement le temps de causer, car notre homme d'état demeure fort loin de chez vous.

— En deux mots, voici ce dont il s'agit — reprit Adrienne; — je vous ai dit les raisons que j'avais de m'intéresser à ce digne ouvrier; ce matin, il est venu tout désolé m'avouer qu'il se trouvait compromis pour des chants qu'il avait faits (car il est poète), qu'il était menacé d'être arrêté, qu'il était innocent; mais que si on le mettait en prison, sa famille, qu'il soutient seul, mourrait de faim; il venait donc me supplier de fournir une caution, afin qu'on le laissât libre d'aller travailler; j'ai promis en pensant à votre intimité avec le ministre; mais on était déjà sur les traces de ce pauvre garçon; j'ai eu l'idée de le faire cacher chez moi, et vous savez de quelle manière ma tante a interprété cette action. Maintenant, dites-moi, grâce à votre recommandation, croyez-vous que le ministre m'accordera ce que nous allons lui demander, la liberté sous caution de cet artisan?

— Mais sans contredit... cela ne doit pas faire l'ombre de difficulté, surtout lorsque vous lui aurez exposé les faits avec cette éloquence du cœur que vous possédez si bien...

— Savez-vous pourquoi, mon cher monsieur Baleinier, j'ai pris cette résolution, peut-être étrange, de vous prier de me conduire, moi, jeune fille, chez ce ministre?

— Mais... pour recommander d'une manière plus pressante encore votre protégé.

— Oui... et aussi pour couper court par une démarche éclatante aux calomnies que ma tante ne va pas manquer de répandre... et qu'elle a déjà, vous l'avez vu, fait inscrire au procès-verbal de ce commissaire de police... J'ai donc préféré m'adresser franchement, hautement à un homme placé dans une position éminente... Je lui dirai ce qui est, et il me croira parce que la vérité a un accent auquel on ne se trompe pas.

— Tout ceci, ma chère mademoiselle Adrienne, est sagement, parfaitement raisonné. — Vous ferez, comme on dit, d'une pierre deux coups... ou plutôt vous retirerez d'une bonne action deux actes de justice :... vous détruirez d'avance de dangereuses calomnies, et vous ferez rendre la liberté à un digne garçon.

— Allons! — dit en riant Adrienne —

voici ma gaieté qui revient... grâce à cette heureuse perspective.

— Mon Dieu, dans la vie — reprit philosophiquement le docteur — tout dépend du point de vue.

Adrienne était d'une ignorance si complète en matière de gouvernement constitutionnel et d'attributions administratives ; elle avait une foi si aveugle dans le docteur, qu'elle ne douta pas un instant de ce que ce dernier lui disait.

Aussi reprit-elle avec joie :

— Quel bonheur ! ainsi je pourrai, en allant chercher ensuite les filles du maréchal Simon, rassurer la pauvre mère de l'ouvrier, qui est peut-être à cette heure dans de cruelles angoisses en ne voyant pas rentrer son fils ?

— Oui, vous aurez ce plaisir — dit M. Baleinier en souriant — car nous allons solliciter, intriguer de telle sorte qu'il faudra bien que la bonne mère apprenne par vous la mise en liberté de ce brave garçon, avant de savoir qu'il avait été arrêté.

— Que de bonté, que d'obligeance de votre part ! — dit Adrienne. — En vérité, s'il ne s'agissait pas de motifs aussi graves, j'aurais honte de vous faire perdre un temps si précieux, mon cher monsieur Baleinier;.. mais je connais votre cœur...

— Vous prouver mon profond dévouement, mon sincère attachement; je n'ai pas d'autre désir.

Dit le docteur en aspirant une prise de tabac.

Mais en même temps il jeta de côté un coup d'œil inquiet par la portière, car la voiture traversait alors la place de l'Odéon, et malgré les rafales d'une neige épaisse on voyait la façade du théâtre illuminée; or Adrienne, qui en ce moment même tournait la tête de ce côté, pouvait s'étonner du singulier chemin qu'on lui faisait prendre.

Afin d'attirer son attention par une habile diversion, le docteur s'écria tout à coup :

— Ah! grand Dieu... et moi qui oubliais...

— Qu'avez-vous donc, monsieur Baleinier?

— dit Adrienne en se retournant vivement vers lui.

— J'oubliais une chose très-importante à la réussite de notre sollicitation.

— Qu'est-ce donc?.. demanda la jeune fille inquiète.

M. Baleinier sourit avec malice.

— Tous les hommes — dit-il — ont leurs faiblesses, et un ministre en a beaucoup plus qu'un autre; celui que nous allons solliciter a l'inconvénient de tenir ridiculement à son titre, et sa première impression serait fâcheuse... si vous ne le saluiez pas d'un *Monsieur le ministre* bien accentué.

— Qu'à cela ne tienne... mon cher monsieur Baleinier — dit Adrienne en souriant à son tour — j'irai même jusqu'à l'Excellence, qui est aussi, je crois, un des titres adoptés.

— Non pas maintenant... mais raison de plus; et si vous pouviez même laisser échapper un ou deux *Monseigneur*, notre affaire serait emportée d'emblée.

— Soyez tranquille, puisqu'il y a des *bourgeois-ministres* comme il y a des *bourgeois-gentilshommes*, je me souviendrai de M. Jourdain, et je rassasierai la gloutonne vanité de votre homme d'état.

— Je vous l'abandonne, et il sera entre bonnes mains — reprit le médecin en voyant avec joie la voiture alors engagée dans les rues sombres qui conduisent de la place de l'Odéon au quartier du Panthéon ; — mais, dans cette circonstance, je n'ai pas le courage de reprocher à mon ami le ministre d'être orgueilleux, puisque son orgueil peut nous venir en aide.

— Cette petite ruse est d'ailleurs assez innocente — ajouta mademoiselle de Cardoville — et je n'ai aucun scrupule d'y avoir recours, je vous l'avoue... — puis se penchant vers la portière, elle dit :

— Mon Dieu, que ces rues sont noires et tristes... quel vent, quelle neige... dans quel quartier sommes-nous donc?..

— Comment! habitante ingrate et dénaturée... vous ne reconnaissez pas à cette absence de boutique votre cher quartier le faubourg Saint-Germain?

— Je croyais que nous l'avions quitté depuis long-temps.

— Moi aussi — dit le médecin en se penchant à la portière comme pour reconnaître le lieu où il se trouvait — mais nous y sommes encore!.. Mon malheureux cocher, aveuglé par la neige qui lui fouette la figure, se sera tout à l'heure trompé; mais nous voici en bon chemin.... oui.... je m'y reconnais, nous sommes dans la rue Saint-Guillaume, rue qui n'est pas gaie (par parenthèse); du reste, dans dix minutes nous arriverons à l'entrée particulière du ministre, car les intimes comme moi jouissent du privilége d'échapper aux honneurs de la grande porte.

Mademoiselle de Cardoville, comme les personnes qui sortent ordinairement en voiture, connaissait si peu certaines rues de Paris et les habitudes ministérielles, qu'elle ne douta pas un moment de ce que lui affirmait M. Baleinier, en qui elle avait d'ailleurs la confiance la plus extrême.

Depuis le départ de l'hôtel Saint-Dizier le docteur avait sur les lèvres une question qu'il hésitait pourtant à poser, craignant de se compromettre aux yeux d'Adrienne.

Lorsque celle-ci avait parlé d'intérêts très-importants dont on lui aurait caché l'existence, le docteur, très-fin, très-habile observateur, avait parfaitement remarqué l'embarras et les angoisses de la princesse et de M. d'Aigrigny.

Il ne douta pas que le complot dirigé contre

Adrienne (complot qu'il servait aveuglément par soumission aux volontés de l'*ordre*) ne fût relatif à ces intérêts qu'on lui avait cachés, et que par cela même il brûlait de connaître, car, ainsi que chaque membre de la ténébreuse congrégation dont il faisait partie, ayant forcément l'habitude de la délation, il sentait nécessairement se développer en lui les vices odieux inhérents à tout état de *complicité*, à savoir, l'envie, la défiance et une curiosité jalouse.

On comprendra que le docteur Baleinier, quoique parfaitement résolu de servir les projets de M. d'Aigrigny, était fort avide de savoir ce qu'on lui avait dissimulé; aussi, surmontant ses hésitations, trouvant l'occasion opportune et surtout pressante, il dit à Adrienne après un moment de silence :

— Je vais peut-être vous faire une demande très-indiscrète. En tout cas, si vous la trouvez telle... n'y répondez pas...

— Continuez... je vous en prie.

— Tantôt... quelques minutes avant que l'on vînt annoncer à madame votre tante l'arrivée du commissaire de police, vous avez, ce me semble, parlé de grands intérêts qu'on vous aurait cachés jusqu'ici...

— Oui, sans doute...

— Ces mots — reprit M. Baleinier en accentuant lentement ses paroles — ces mots ont paru faire une vive impression sur la princesse...

— Une impression si vive — dit Adrienne — que certains soupçons que j'avais se sont changés en certitude.

— Je n'ai pas besoin de vous dire, ma charmante amie — reprit M. Baleinier d'un ton patelin — que si je rappelle cette circonstance c'est pour vous offrir mes services dans le cas où ils pourraient vous être bons à quelque chose;... sinon... si vous voyez l'ombre d'un inconvénient à m'en apprendre davantage... supposez que je n'ai rien dit.

Adrienne devint sérieuse, pensive, et après un silence de quelques instants elle répondit à M. Baleinier :

— Il est à ce sujet des choses que j'ignore... d'autres que je puis vous apprendre... d'autres enfin que je dois vous taire;... vous êtes si bon aujourd'hui que je suis heureuse de vous donner une nouvelle marque de confiance.

— Alors je ne veux rien savoir — dit le docteur d'un air contrit et pénétré — car j'aurais l'air d'accepter une sorte de récompense... tandis que je suis mille fois payé par le plaisir même que j'éprouve à vous servir.

— Écoutez... — dit Adrienne sans paraître s'occuper des scrupules délicats de M. Baleinier — j'ai de puissantes raisons de croire qu'un immense héritage doit être dans un temps plus ou moins prochain partagé entre les membres de ma famille... que je ne connais pas tous... car, après la révocation de l'édit de Nantes, ceux dont elle descend se sont dispersés dans les pays étrangers, et ont subi des fortunes bien diverses.

Vraiment! — s'écria le docteur on ne peut plus intéressé. — Cet héritage, où est-il? de qui vient-il? entre les mains de qui est-il?

— Je l'ignore...

— Et comment faire valoir vos droits?

— Je le saurai bientôt.

— Et qui vous en instruira?

— Je ne puis vous le dire.

— Et qui vous a appris que cet héritage existait ?

— Je ne puis non plus vous le dire... — reprit Adrienne d'un ton mélancolique et doux qui contrasta avec la vivacité habituelle de son entretien. — C'est un secret... un secret étrange... et dans ces moments d'exaltation où vous m'avez quelquefois surprise... je songeais à des circonstances extraordinaires qui se rapportent à ce secret... oui... et alors de bien grandes, de bien magnifiques pensées s'éveillaient en moi...

Puis Adrienne se tut, profondément absorbée dans ses souvenirs.

M. Baleinier n'essaya pas de l'en distraire.

D'abord mademoiselle de Cardoville ne s'apercevait pas de la direction que suivait la voiture ; puis, le docteur n'était pas fâché de réfléchir à ce qu'il venait d'apprendre ; avec sa perspicacité habituelle il pressentit vaguement qu'il s'agissait pour l'abbé d'Aigrigny d'une affaire d'héritage, il se promit d'en faire immédiatement le sujet d'un rapport secret ;

de deux choses l'une : ou M. d'Aigrigny agissait dans cette circonstance d'après les instructions de l'*ordre,* ou il agissait selon son inspiration personnelle ; dans le premier cas le rapport secret du docteur, à qui de droit, constatait un fait, dans le second il en révélait un autre.

Pendant quelque temps mademoiselle de Cardoville et M. Baleinier gardèrent donc un profond silence qui n'était même plus interrompu par le bruit des roues de la voiture roulant alors sur une épaisse couche de neige, car les rues devenaient de plus en plus désertes.

Malgré sa perfide habileté, malgré son audace, malgré l'aveuglement de sa dupe, le docteur n'était pas absolument rassuré sur le résultat de sa machination ; le moment critique approchait, et le moindre soupçon, maladroitement éveillé chez Adrienne, pouvait ruiner les projets du docteur.

Adrienne, déjà fatiguée des émotions de cette pénible journée, tressaillait de temps à autre, car le froid devenait de plus en plus pénétrant, et, dans sa précipitation à accompagner M. Baleinier, elle avait oublié de prendre un châle ou un manteau.

Depuis quelque temps la voiture longeait un grand mur très-élevé, qui, à travers la neige, se dessinait en blanc sur un ciel complétement noir.

Le silence était profond et morne.

La voiture s'arrêta.

Le valet de pied alla heurter à une grande porte-cochère d'une façon particulière; d'abord il frappa deux coups précipités, puis un autre séparé par un assez long intervalle.

Adrienne ne remarqua pas cette circonstance, car les coups avaient été peu bruyants, et d'ailleurs le docteur avait aussitôt pris la parole afin de couvrir par sa voix le bruit de cette espèce de signal.

— Enfin, nous voici arrivés, avait-il dit gaiement à Adrienne : soyez bien séduisante, c'est-à-dire soyez vous-même.

— Soyez tranquille, je ferai de mon mieux —dit en souriant Adrienne; puis elle ajouta, frissonnant malgré elle : — Quel froid noir!... Je vous avoue, mon bon monsieur Baleinier, qu'après avoir été chercher mes pauvres petites parentes chez la mère de notre brave ouvrier, je retrouverai ce soir avec un vif plaisir mon joli salon bien chaud et bien brillamment éclairé; car vous savez mon aversion pour le froid et pour l'obscurité.

— C'est tout simple — dit galamment le docteur; — les plus charmantes fleurs ne s'épanouissent qu'à la lumière et à la chaleur.

Pendant que le médecin et mademoiselle de Cardoville échangeaient ces paroles, la lourde porte-cochère avait crié sur ses gonds et la voiture était entrée dans la cour.

Le docteur descendit le premier pour offrir son bras à Adrienne.

CHAPITRE X.

LE CABINET DU MINISTRE.

La voiture était arrêtée devant un petit perron couvert de neige et exhaussé de quelques marches qui conduisaient à un vestibule éclairé par une lampe.

Adrienne, pour gravir les marches un peu glissantes, s'appuya sur le bras du docteur.

— Mon Dieu ! comme vous tremblez... — lui dit celui-ci.

— Oui... — dit la jeune fille en frissonnant — je ressens un froid mortel. Dans ma précipitation, je suis sortie sans châle... Mais comme cette maison a l'air triste !

Ajouta-t-elle en montant le perron.

— C'est ce qu'on appelle le petit hôtel du ministère, le *sanctus sanctorum* où notre homme d'état se retire loin du bruit des profanes. — dit M. Baleinier en souriant. — Donnez-vous la peine d'entrer.

Et il poussa la porte d'un assez grand vestibule complétement désert.

— On a bien raison de dire — reprit M. Baleinier cachant une assez vive émotion sous une apparence de gaieté — maison de ministre... maison de parvenu... pas un valet de pied (pas un garçon de bureau, devrais-je dire) à l'antichambre... Mais heureusement — ajouta-t-il en ouvrant la porte d'une pièce qui communiquait au vestibule :

Nourri dans le sérail, j'en connais les détours.

Mademoiselle de Cardoville fut introduite dans un salon tendu de papier vert à dessins veloutés, et modestement meublé de chaises et de fauteuils d'acajou recouverts en velours d'Utrecht jaune; le parquet brillait, soigneusement ciré; une lampe circulaire, qui ne donnait au plus que le tiers de sa clarté, était suspendue beaucoup plus haut qu'on ne les suspend ordinairement.

Trouvant cette demeure singulièrement modeste pour l'habitation d'un ministre, Adrienne, quoiqu'elle n'eût aucun soupçon, ne put s'empêcher de faire un mouvement de surprise, et s'arrêta une minute sur le seuil de la porte. M. Baleinier, qui lui donnait le bras, devina la cause de son étonnement et lui dit en souriant :

— Ce logis vous semble bien mesquin pour une Excellence, n'est-ce pas? Mais si vous saviez ce que c'est que l'économie constitutionnelle!... Du reste, vous allez voir un *Monseigneur* qui a l'air aussi... mesquin que son mobilier... Mais veuillez m'attendre une seconde... je vais prévenir le ministre et vous annoncer à lui... Je reviens dans l'instant.

Et dégageant doucement son bras de celui d'Adrienne, qui se serrait involontairement contre lui, le médecin alla ouvrir une petite porte latérale par laquelle il s'esquiva.

Adrienne de Cardoville resta seule.

La jeune fille, bien qu'elle ne pût s'expliquer la cause de cette impression, trouva sinistre cette grande chambre froide, nue, aux croisées sans rideaux ; puis, peu à peu remarquant dans son ameublement plusieurs singularités qu'elle n'avait pas d'abord aperçues, elle se sentit saisie d'une inquiétude indéfinissable...

Ainsi, s'étant approchée du foyer éteint, elle vit avec surprise qu'il était fermé par un treillis de fer qui condamnait complétement l'ouverture de la cheminée, et que les pincettes et la pelle étaient attachées par des chaînettes de fer.

Déjà assez étonnée de cette bizarrerie, elle voulut, par un mouvement machinal, attirer à elle un fauteuil placé près de la boiserie...

Ce fauteuil resta immobile...

Adrienne s'aperçut alors que le dossier de ce meuble était, comme celui des autres siéges, attaché à l'un des panneaux par deux petites pattes de fer.

Ne pouvant s'empêcher de sourire, elle se dit :

— Aurait-on assez peu de confiance dans l'homme d'état chez qui je suis, pour attacher les meubles aux murailles ?

Adrienne avait pour ainsi dire fait cette plaisanterie un peu forcée, afin de lutter contre sa pénible préoccupation, qui augmentait de plus en plus, car le silence le plus profond, le plus morne, régnait dans cette demeure, où rien ne révélait le mouvement, l'activité qui entourent ordinairement un grand centre d'affaires.

Seulement de temps à autre, la jeune fille entendait les violentes rafales du vent qui soufflait au dehors.

Plus d'un quart d'heure s'était passé, M. Balcinier ne revenait pas.

Dans son impatience inquiète, Adrienne voulut appeler quelqu'un afin de s'informer de M. Baleinier et du ministre ; elle leva les yeux pour chercher un cordon de sonnette aux côtés de la glace ; elle n'en vit pas ; mais elle s'aperçut que ce qu'elle avait pris jusqu'alors pour une glace, grâce à la demi-obscurité de cette pièce, était une grande feuille de fer-blanc très-luisant. En s'approchant plus près, elle heurta un flambeau de bronze... ce flambeau était comme la pendule scellé au marbre de la cheminée.

Dans certaines dispositions d'esprit, les circonstances les plus insignifiantes prennent souvent des proportions effrayantes; ainsi ce flambeau immobile, ces meubles attachés à la boiserie, cette glace remplacée par une feuille de fer-blanc, ce profond silence, l'absence de plus en plus prolongée de M. Baleinier impressionnèrent si vivement Adrienne, qu'elle commença de ressentir une sourde frayeur.

Telle était pourtant sa confiance absolue dans le médecin, qu'elle en vint à se reprocher son effroi, se disant qu'après tout, ce qui le causait, n'avait aucune importance réelle, et qu'il était déraisonnable de se préoccuper de si peu de chose.

Quant à l'absence de M. Baleinier, elle se prolongeait sans doute parce qu'il attendait que les occupations du ministre le laissassent libre de recevoir.

Néanmoins, quoiqu'elle tâchât de se rassurer ainsi, la jeune fille, dominée par sa frayeur, se permit ce qu'elle n'aurait jamais osé sans cette occurrence, elle s'approcha peu à peu de la petite porte par laquelle avait disparu le médecin et prêta l'oreille.

Elle suspendit sa respiration, écouta... et n'entendit rien...

Tout à coup un bruit à la fois sourd et pesant, comme celui d'un corps qui tombe, retentit au-dessus de sa tête,... il lui sembla même entendre un gémissement étouffé.

Levant vivement les yeux, elle vit tomber quelques parcelles de peinture écaillée, détachées sans doute par l'ébranlement du plancher supérieur.

Ne pouvant résister davantage à son effroi, Adrienne courut à la porte par laquelle elle était entrée avec le docteur, afin d'appeler quelqu'un.

A sa grande surprise elle trouva cette porte fermée en dehors.

Pourtant depuis son arrivée elle n'avait entendu aucun bruit de clef dans la serrure, qui du reste était extérieure.

De plus en plus effrayée, la jeune fille se précipita vers la petite porte par laquelle avait disparu le médecin et auprès de laquelle elle venait d'écouter...

Cette porte était aussi extérieurement fermée...

Voulant cependant encore lutter contre la terreur qui la gagnait invinciblement, Adrienne appela à son aide la fermeté de son caractère, et voulut, comme on dit vulgairement, se raisonner.

— Je me serai trompée — dit-elle; — je n'aurai entendu qu'une chute, le gémissement n'existe que dans mon imagination... il y a mille raisons pour que ce soit quelque chose et non pas quelqu'un qui soit tombé... mais ces portes fermées... Peut-être on ignore que je suis ici, on aura cru qu'il n'y avait personne dans cette chambre.

Et disant ces mots, Adrienne regarda autour d'elle avec anxiété; puis elle ajouta d'une voix ferme :

— Pas de faiblesse, il ne s'agit pas de chercher à m'étourdir sur ma situation... et de vouloir me tromper moi-même; il faut au contraire la voir bien en face. Évidemment je ne suis pas ici chez un ministre,... mille raisons me le prouvent maintenant... M. Baleinier m'a donc trompée... Mais alors dans quel but, pourquoi m'a-t-il amenée ici, et où suis-je?

Ces deux questions semblèrent à Adrienne aussi insolubles l'une que l'autre ; seulement il lui resta démontré qu'elle était victime de la perfidie de M. Baleinier.

Pour cette âme loyale, généreuse, une telle certitude était si horrible qu'elle voulut encore essayer de la repousser en songeant à la confiante amitié qu'elle avait toujours témoignée à cet homme ; aussi Adrienne se dit avec amertume :

— Voilà comme la faiblesse, comme la peur vous conduisent souvent à des suppositions injustes, odieuses ; oui, car il n'est permis de croire à une tromperie si infernale qu'à la dernière extrémité... et lorsqu'on y est forcée par l'évidence ; appelons quelqu'un, c'est le seul moyen de m'éclairer complétement.

Puis se souvenant qu'il n'y avait pas de sonnette, elle dit :

— Il n'importe, frappons, on viendra sans doute.

Et, de son petit poing délicat, Adrienne heurta plusieurs fois à la porte.

Au bruit sourd et mat que rendit cette porte, on pouvait deviner qu'elle était fort épaisse.

Rien ne répondit à la jeune fille.

Elle courut à l'autre porte.

Même appel de sa part, même silence profond..: interrompu çà et là au dehors par les mugissements du vent.

— Je ne suis pas plus peureuse qu'une autre — dit Adrienne en tressaillant; — je ne sais si c'est le froid mortel qu'il fait ici... mais je frissonne malgré moi; je tâche bien de me défendre de toute faiblesse; cependant il me semble que tout le monde trouverait comme moi ce qui se passe ici... étrange... effrayant.

Tout à coup, des cris, ou plutôt des hurlements sauvages, affreux, éclatèrent avec furie dans la pièce située au-dessus de celle où elle se trouvait, et peu de temps après, une sorte de piétinement sourd, violent, saccadé, ébranla le plafond, comme si plusieurs personnes se fussent livrées à une lutte énergique.

Dans son saisissement, Adrienne poussa un grand cri d'effroi, devint pâle comme une morte, resta un moment immobile de stupeur, puis s'élança à l'une des fenêtres fermées par des volets, et l'ouvrit brusquement.

Une violente rafale de vent mêlée de neige fondue fouetta le visage d'Adrienne, s'engouffra dans le salon, et après avoir fait vaciller et flamboyer la lumière fumeuse de la lampe, l'éteignit...

Ainsi plongée dans une profonde obscurité, les mains crispées aux barreaux dont la fenêtre était garnie, mademoiselle de Cardoville, cédant enfin à sa frayeur si long-temps contenue, allait appeler au secours, lorsqu'un spectacle inattendu la rendit muette de terreur pendant quelques minutes.

Un corps de logis parallèle à celui où elle se trouvait, s'élevait à peu de distance.

Au milieu des noires ténèbres qui remplissaient l'espace, une large fenêtre rayonnait, éclairée...

A travers ses vitres sans rideaux, Adrienne aperçut une figure blanche, hâve, décharnée, traînant après soi une sorte de linceul, et qui sans cesse passait et repassait précipitamment devant la croisée, mouvement à la fois brusque et continu.

Le regard attaché sur cette fenêtre qui brillait dans l'ombre, Adrienne resta comme fascinée par cette lugubre vision; puis ce spectacle portant sa terreur à son comble, elle appela au secours de toutes ses forces, sans quitter les barreaux de la fenêtre où elle se tenait cramponnée.

Au bout de quelques secondes, et pendant qu'elle appelait ainsi à son aide, deux grandes femmes entrèrent silencieusement dans le salon où se trouvait mademoiselle de Cardoville, qui, toujours cramponnée à la fenêtre, ne put les apercevoir.

Ces deux femmes, âgées de quarante à cinquante ans, robustes, viriles, étaient négligemment et sordidement vêtues, comme des chambrières de basse condition; par-dessus leurs habits, elles portaient de grands tabliers de toile bleue qui, montant jusqu'au cou où ils s'échancraient, tombaient jusqu'à leurs pieds.

L'une, tenant une lampe, avait une large face rouge et luisante, un gros nez bourgeonné, de petits yeux verts et des cheveux couleur de filasse ébouriffés sous son bonnet d'un blanc sale.

L'autre, jaune, sèche, osseuse, portait un

bonnet de deuil qui encadrait étroitement sa maigre figure terreuse, parcheminée, marquée de petite vérole et durement accentuée par deux gros sourcils noirs; quelques longs poils gris ombrageaient sa lèvre supérieure.

Cette femme tenait à la main, à demi déployé, une sorte de vêtement de forme étrange en épaisse toile grise.

Toutes deux étaient donc silencieusement entrées par la petite porte au moment où Adrienne, dans son épouvante, s'attachait au grillage de la fenêtre en criant : Au secours!..

D'un signe ces femmes se montrèrent la jeune fille, et, pendant que l'une posait la lampe sur la cheminée, l'autre (celle qui portait le bonnet de deuil), s'approchant de la croisée, appuya sa grande main osseuse sur l'épaule de mademoiselle de Cardoville.

Se retournant brusquement, celle-ci poussa un nouveau cri d'effroi à la vue de cette sinistre figure.

Ce premier mouvement de stupeur passé, Adrienne se rassura presque; si repoussante que fût cette femme, c'était du moins quelqu'un à qui elle pouvait parler; elle s'écria donc vivement d'une voix altérée :

— Où est M. Baleinier?

Les deux femmes se regardèrent, échangèrent un signe d'intelligence et ne répondirent pas.

— Je vous demande, madame — reprit Adrienne — où est M. Baleinier, qui m'a amenée ici... je veux le voir à l'instant...

— Il est parti — dit la grosse femme.

— Parti!.. — s'écria Adrienne — parti sans moi... Mais qu'est-ce que cela signifie? mon Dieu !...

Puis, après un moment de réflexion, elle reprit :

— Allez me chercher une voiture...

Les deux femmes se regardèrent en haussant les épaules.

— Je vous prie, madame — reprit Adrienne d'une voix contenue — de m'aller chercher une voiture, puisque M. Baleinier est parti sans moi; je veux sortir d'ici.

— Allons, allons, madame — dit la grande femme (on l'appelait *la Thomas*) n'ayant pas l'air d'entendre ce que disait Adrienne — voilà l'heure... il faut venir vous coucher.

— Me coucher!! — s'écria mademoiselle de Cardoville avec épouvante. — Mais, mon Dieu! c'est à en devenir folle... Puis, s'adressant aux deux femmes :

— Quelle est cette maison ? où suis-je ? répondez ?

— Vous êtes dans une maison — dit la Thomas d'une voix rude — où il ne faut pas crier par la fenêtre, comme tout à l'heure.

— Et où il ne faut pas non plus éteindre les lampes, comme vous venez de le faire... sans ça — reprit l'autre femme appelée Gervaise — nous nous fâcherons...

Adrienne, ne trouvant pas une parole, frissonnant d'épouvante, regardait tour à tour ces horribles femmes avec stupeur; sa raison s'épuisait en vain à comprendre ce qui se passait. Tout à coup elle crut avoir deviné et s'écria :

— Je le vois, il y a ici une méprise... je ne me l'explique pas... Mais enfin, il y a une méprise... vous me prenez pour une autre... Savez-vous qui je suis ?... Je me nomme

Adrienne de Cardoville!... Ainsi, vous le voyez... je suis libre de sortir d'ici; personne n'a le droit de me retenir de force... Ainsi, je vous l'ordonne, allez à l'instant me chercher une voiture... S'il n'y en a pas dans ce quartier, donnez-moi quelqu'un qui m'accompagne et me conduise chez moi rue de Babylone, à l'hôtel Saint-Dizier. Je récompenserai généreusement cette personne, et vous aussi...

— Ah çà, aurons-nous bientôt fini? — dit la Thomas — à quoi bon nous dire tout ça?

— Prenez garde — reprit Adrienne, qui voulait avoir recours à tous les moyens — si vous me reteniez de force ici... ce serait bien grave... vous ne savez pas à quoi vous vous exposeriez!..

— Voulez-vous venir vous coucher, oui ou non? — dit la Gervaise d'un air impatient et dur.

— Écoutez, madame — reprit précipitamment Adrienne — laissez-moi sortir... et je vous donne à chacune deux mille francs... N'est-ce pas assez? je vous en donne dix... vingt... ce que vous voudrez;... je suis riche...

mais que je sorte... mon Dieu!.. que je sorte...
je ne veux pas rester... j'ai peur ici, moi...

S'écria la malheureuse jeune fille avec un accent déchirant.

— Vingt mille francs!... comme c'est ça! dis donc, la Thomas!

— Laisse donc tranquille, Gervaise, c'est toujours leur même chanson à toutes...

— Eh bien!... puisque raisons, prières, menaces sont vaines — dit Adrienne puisant une grande énergie dans sa position désespérée — je vous déclare que je veux sortir, moi... et à l'instant... nous allons voir si l'on a l'audace d'employer la force contre moi!...

Et Adrienne fit résolument un pas vers la porte.

A ce moment, les cris sauvages et rauques, qui avaient précédé le bruit de lutte dont Adrienne avait été si effrayée, retentirent de nouveau; mais cette fois, ces hurlements affreux ne furent accompagnés d'aucun piétinement.

— Oh! quels cris! — dit Adrienne en s'arrêtant, et, dans sa frayeur, elle se rapprocha des deux femmes. — Ces cris... les entendez-vous?.. Mais qu'est-ce donc que cette maison, mon Dieu, où l'on entend cela? Et puis là-bas? — ajouta-t-elle presque avec égarement en montrant l'autre corps de logis, dont une fenêtre brillait éclairée dans l'obscurité, fenêtre devant laquelle la figure blanche passait et repassait toujours. — Là-bas! voyez-vous?... Qu'est-ce que cela?...

— Eh bien! cela — dit la Thomas — c'est des personnes qui, comme vous, n'ont pas été sages...

— Que dites-vous? — s'écria mademoiselle de Cardoville en joignant les mains avec terreur. — Mais... mon Dieu! qu'est-ce donc que cette maison? qu'est-ce qu'on leur fait donc?...

— On leur fait ce qu'on vous fera si vous êtes méchante et si vous refusez de venir vous coucher — reprit la Gervaise.

— On leur met... ça — dit la Thomas en montrant l'objet qu'elle tenait sous son bras — oui, on leur met la *camisole*...

— Ah!! — fit Adrienne en cachant son visage dans ses mains avec terreur.

Une révélation terrible venait de l'éclairer...

Enfin, elle comprenait tout...

Après les vives émotions de la journée, ce dernier coup devait avoir une réaction terrible : la jeune fille se sentit défaillir ; ses mains retombèrent, son visage devint d'une effrayante pâleur, tout son corps trembla, et elle eut à peine la force de dire d'une voix éteinte en tombant à genoux, et désignant la *camisole* d'un regard terrifié :

— Oh ! non... par pitié, pas cela... grâce... madame... Je ferai... ce... que... vous voudrez...

Puis les forces lui manquant, elle s'affaissa sur elle-même, et, sans ces femmes, qui coururent à elle et la reçurent évanouie dans leurs bras, elle retombait sur le parquet.

— Un évanouissement, ça n'est pas dangereux... — dit la Thomas — portons-la sur son lit... nous la déshabillerons pour la coucher, et ça ne sera rien.

— Transporte-la, toi — dit la Gervaise.
— Moi, je vais prendre la lampe.

Et la Thomas, grande et robuste, souleva

mademoiselle de Cardoville comme elle eût soulevé un enfant endormi, l'emporta dans ses bras et suivit sa compagne dans la chambre par laquelle M. Baleinier avait disparu.

Cette chambre, d'une propreté parfaite, était d'une nudité glaciale; un papier verdâtre couvrait les murs, un petit lit de fer très-bas, à chevet formant tablette, se dressait à l'un des angles; un poêle, placé dans la cheminée, était entouré d'un grillage de fer qui en défendait l'approche; une table attachée au mur, une chaise placée devant cette table et aussi fixée au parquet, une commode d'acajou et un fauteuil de paille composaient ce triste mobilier; la croisée, sans rideaux, était intérieurement garnie d'un grillage de fer destiné à empêcher le bris des carreaux.

C'est dans ce sombre réduit, qui offrait un si pénible contraste avec son ravissant petit palais de la rue de Babylone, qu'Adrienne fut apportée par la Thomas, qui, aidée de Gervaise, assit sur le lit mademoiselle de Cardoville inanimée. La lampe fut placée sur la tablette du chevet.

Pendant que l'une des gardiennes la soutenait, l'autre dégrafait et ôtait la robe de drap de la jeune fille; celle-ci penchait languissamment sa tête sur sa poitrine. Quoique évanouie, deux grosses larmes coulaient lentement de ses grands yeux fermés dont les longs cils noirs faisaient ombre sur ses joues d'une pâleur transparente... Son cou et son sein d'ivoire étaient inondés des flots de soie dorée de sa magnifique chevelure dénouée lors de sa chute...

Lorsque délaçant le corset de satin, moins doux, moins frais, moins blanc que ce corps virginal et charmant qui, souple et svelte, s'arrondissait sous la dentelle et la batiste comme une statue d'albâtre légèrement rosée, l'horrible mégère toucha de ses grosses mains rouges, calleuses et gercées, les épaules et les bras nus de la jeune fille... celle-ci, sans revenir complétement à elle, tressaillit involontairement à ce contact rude et brutal.

— A-t-elle des petits pieds ! — dit la gardienne, qui, s'étant ensuite agenouillée, déchaussait Adrienne; — ils tiendraient tous deux dans le creux de ma main.

En effet un petit pied vermeil et satiné

comme un pied d'enfant, et çà et là veiné d'azur, fut bientôt mis à nu, ainsi qu'une jambe à cheville et à genou roses, d'un contour aussi fin, aussi pur que celui de la Diane antique.

— Et ses cheveux, sont-ils longs ! — dit la Thomas — sont-ils longs et doux !... elle pourrait marcher dessus... ça serait pourtant dommage de les couper pour lui mettre de la glace sur le crâne.

Et ce disant, la Thomas tordit comme elle le put cette magnifique chevelure derrière la tête d'Adrienne.

Hélas ! ce n'était plus la légère et blanche main de Georgette, de Florine ou d'Hébé, qui coiffaient leur belle maîtresse avec tant d'amour et d'orgueil !

Aussi, en sentant de nouveau le rude contact des mains de la gardienne, le même tressaillement nerveux dont la jeune fille avait été déjà saisie se renouvela, mais plus fréquent et plus fort.

Fut-ce pour ainsi dire une sorte de répulsion instinctive, magnétiquement perçue pendant son évanouissement, fut-ce le froid de la nuit... bientôt Adrienne frissonna de nouveau, et peu à peu revint à elle...

Il est impossible de peindre son épouvante, son horreur, son indignation chastement courroucée, lorsqu'écartant de ses deux mains les nombreuses boucles de cheveux qui couvraient son visage baigné de larmes, elle se vit, en reprenant tout à fait ses esprits, elle se vit demi-nue entre ces deux affreuses mégères.

Adrienne poussa d'abord un cri de honte, de pudeur et d'effroi; puis afin d'échapper aux regards de ces deux femmes, par un mouvement plus rapide que la pensée elle renversa brusquement la lampe qui était placée sur la tablette du chevet de son lit et qui s'éteignit en se brisant sur le parquet.

Alors, au milieu des ténèbres, la malheureuse enfant, s'enveloppant dans ses couvertures, éclata en sanglots déchirants...

Les gardiennes s'expliquèrent le cri et la violente action d'Adrienne en les attribuant à un accès de folie furieuse.

— Ah! vous recommencez à éteindre et à briser les lampes... il paraît que c'est là votre idée, à vous? — s'écria la Thomas courroucée en marchant à tâtons dans l'obscurité—bon... je vous ai avertie... vous allez avoir cette nuit la camisole comme la folle de là-haut.

—C'est ça — dit l'autre — tiens-la bien, la Thomas, je vais aller chercher de la lumière... à nous deux nous en viendrons à bout.

— Dépêche-toi... car avec son petit air doucereux... il paraît qu'elle est tout bonnement furieuse... et qu'il faudra passer la nuit à côté d'elle...

. . . .

Triste et douloureux contraste.

Le matin Adrienne s'était levée libre, souriante, heureuse, au milieu de toutes les merveilles du luxe et des arts, entourée des soins délicats et empressés de trois charmantes jeunes filles qui la servaient;... dans sa généreuse et folle humeur elle avait ménagé à un jeune prince indien, son parent, une surprise d'une magnificence splendide et féerique; elle avait pris la plus noble résolution au sujet des deux orphelines ramenées par Dagobert... Dans son entretien avec madame de Saint-Dizier... elle s'était montrée tour à tour fière et sensible, mélancolique et gaie, ironique et grave...

loyale et courageuse... Enfin si elle venait dans cette maison maudite, c'étatit pour demander la grâce d'un honnête et laborieux artisan...

Et le soir... mademoiselle de Cardoville, livrée par une trahison infâme aux mains grossières de deux ignobles gardiennes de folles, sentait ses membres délicats durement emprisonnés dans cet abominable vêtement des fous, appelé la *camisole*.

. . . .

Mademoiselle de Cardoville passa une nuit horrible, en compagnie des deux mégères.

Le lendemain matin, à neuf heures, quelle fut la stupeur de la jeune fille lorsqu'elle vit entrer dans sa chambre le docteur Baleinier toujours souriant, toujours bienveillant, toujours paterne !

— Eh bien ! mon enfant — lui dit-il d'une voix affectueuse et douce — comment avons-nous passé la nuit?

CHAPITRE XI.

LA VISITE.

Les gardiennes de mademoiselle de Cardoville, cédant à ses prières et surtout à ses promesses d'être *sage*, ne lui avaient laissé la camisole qu'une partie de la nuit; au jour, elle s'était levée et habillée seule sans qu'on l'en eût empêchée.

Adrienne se tenait assise sur le bord de son lit; sa pâleur effrayante, la profonde altération de ses traits, ses yeux brillants du sombre feu de la fièvre, les tressaillements convulsifs qui l'agitaient de temps à autre, montraient déjà les funestes conséquences de cette nuit terrible sur cette organisation impressionnable et nerveuse.

A la vue du docteur Baleinier, qui, d'un signe, fit sortir Gervaise et la Thomas, mademoiselle de Cardoville resta pétrifiée.

Elle éprouvait une sorte de vertige en songeant à l'audace de cet homme,... il osait se présenter devant elle!...

Mais lorsque le médecin répéta de sa voix doucereuse et d'un ton pénétré d'affectueux intérêt :

— Eh bien! ma pauvre enfant... comment avons-nous passé la nuit?...

Adrienne porta vivement ses mains à son front brûlant comme pour se demander si elle rêvait. Puis, regardant le médecin, ses lèvres s'entr'ouvrirent;... mais elles tremblèrent si fort, qu'il lui fut impossible d'articuler un mot...

La colère, l'indignation, le mépris, et surtout ce ressentiment si atrocement douloureux que cause aux nobles cœurs la confiance lâchement trahie, bouleversaient tellement Adrienne, qu'interdite, oppressée, elle ne put, malgré elle, rompre le silence.

— Allons!... allons! je vois ce que c'est — dit le docteur en secouant tristement la tête;

— vous m'en voulez beaucoup... n'est-ce pas? Eh mon Dieu!... je m'y attendais, ma chère enfant...

Ces mots prononcés avec une hypocrite effronterie firent bondir Adrienne; elle se leva, ses joues pâles s'enflammèrent, son grand œil noir étincela, elle redressa fièrement son beau visage; sa lèvre supérieure se releva légèrement par un sourire d'une dédaigneuse amertume, puis, silencieuse et courroucée, la jeune fille passa devant M. Baleinier, toujours assis, et se dirigea vers la porte d'un pas rapide et assuré.

Cette porte à laquelle on remarquait un petit guichet était fermée extérieurement.

Adrienne se retourna vers le docteur, lui montra la porte d'un geste impérieux et lui dit:

— Ouvrez-moi cette porte!

— Voyons, ma chère demoiselle Adrienne — dit le médecin — calmez-vous... causons en bons amis... car, vous le savez... je suis votre ami...

Et il aspira lentement une prise de tabac.

— Ainsi... monsieur — dit Adrienne d'une

voix tremblante de colère — je ne sortirai pas d'ici encore aujourd'hui ?

— Hélas ! non... avec des exaltations pareilles... Si vous saviez comme vous avez le visage enflammé... les yeux ardents ;... votre pouls doit avoir quatre-vingts pulsations à la minute ;... je vous en conjure, ma chère enfant, n'aggravez pas votre état par cette fâcheuse agitation...

Après avoir regardé fixement le docteur, Adrienne revint d'un pas lent se rasseoir au bord de son lit.

— A la bonne heure — reprit M. Baleinier — soyez raisonnable... et je vous le dis encore : causons en bons amis.

— Vous avez raison, monsieur — répondit Adrienne d'une voix brève, contenue et d'un ton parfaitement calme — causons en amis.... Vous voulez me faire passer pour folle... n'est-ce pas ?

—Je veux, ma chère enfant, qu'un jour vous ayez pour moi autant de reconnaissance que vous avez d'aversion... et cette aversion, je l'avais prévue ;... mais si pénibles que soient certains devoirs, il faut se résigner à les accomplir.

Dit M. Baleinier en soupirant, et d'un ton si naturellement convaincu, qu'Adrienne ne put d'abord retenir un mouvement de surprise... Puis un rire amer effleurant ses lèvres :

— Ah!.... décidément... tout ceci est pour mon bien?...

— Franchement, ma chère demoiselle... ai-je jamais eu d'autre but que celui de vous être utile?

— Je ne sais, monsieur, si votre impudence n'est pas encore plus odieuse que votre lâche trahison!...

— Une trahison! — dit M. Baleinier en haussant les épaules d'un air peiné — une trahison!.. mais réfléchissez donc, ma pauvre enfant.... croyez-vous que si je n'agissais pas loyalement, consciencieusement dans votre intérêt, je reviendrais ce matin affronter votre indignation, à laquelle je devais m'attendre?... Je suis le médecin en chef de cette maison de santé qui m'appartient;... mais... j'ai ici deux de mes élèves, médecins comme moi, qui me suppléent... je pouvais donc les charger de vous donner leurs soins... Eh bien, non... je n'ai pas voulu cela... je connais votre caractère, votre nature, vos antécédents... et même, abstraction faite de l'intérêt que je vous porte... mieux que personne, je puis vous traiter convenablement.

Adrienne avait écouté M. Baleinier sans l'interrompre; elle le regarda fixement, et lui dit :

— Monsieur... combien vous paye-t-on... pour me faire passer pour folle?

— Mademoiselle... — s'écria M. Baleinier, blessé malgré lui.

— Je suis riche... vous le savez — reprit Adrienne avec un dédain écrasant — je double la somme... qu'on vous donne... Allons, monsieur, au nom de... l'amitié, comme vous dites... accordez-moi du moins la faveur d'enchérir.

— Vos gardiennes, dans leur rapport de cette nuit, m'ont instruit que vous leur aviez fait la même proposition — dit M. Baleinier en reprenant tout son sang-froid.

— Pardon... monsieur... je leur avais offert ce que l'on peut offrir à de pauvres femmes sans éducation, que le malheur force d'accepter le pénible emploi qu'elles occupent... Mais un homme du monde comme vous ! un homme de grand savoir comme vous ! un homme de beaucoup d'esprit comme vous ! c'est différent; cela se paye plus cher; il y a de la trahison à tout prix... Ainsi, ne basez pas votre refus... sur la modicité de mes offres à ces malheureuses... Voyons, combien vous faut-il ?

— Vos gardiennes, dans leur rapport de cette nuit, m'ont aussi parlé de menaces — reprit M. Baleinier toujours très-froidement; — n'en avez-vous pas à m'adresser également? Tenez, ma chère enfant, croyez-moi, épuisons tout de suite les tentatives de corruption et les menaces de vengeance... Nous retomberons ensuite dans le vrai de la situation.

— Ah! mes menaces seront vaines! — s'écria mademoiselle de Cardoville en laissant enfin éclater son emportement, jusqu'alors contenu. — Ah! vous croyez, monsieur, qu'à ma sortie d'ici, car cette séquestration aura un terme, je ne dirai pas à haute voix votre indigne trahison! Ah! vous croyez que je ne dénoncerai pas au mépris, à l'horreur de tous votre infâme complicité avec madame de Saint-Dizier!... Ah! vous croyez que je tairai les affreux traitements que j'ai subis! Mais, si folle que je sois, je sais qu'il y a des lois, monsieur, et je leur demanderai réparation éclatante pour moi, honte, flétrissure et châtiment pour vous et pour les vôtres!... Car, entre nous... voyez-vous, ce sera désormais une haine... une guerre à mort... et je mettrai à la soutenir tout ce que j'ai de forces, d'intelligence et de...

— Permettez-moi de vous interrompre, ma chère mademoiselle Adrienne — dit le docteur toujours parfaitement calme et affectueux — rien ne serait plus nuisible à votre guérison que de folles espérances ; elles vous entretiendraient dans un état d'exaltation déplorable ; donc nettement posons les faits, afin que vous envisagiez clairement votre position : 1° Il est impossible que vous sortiez d'ici ; 2° vous ne pouvez avoir aucune communication avec le dehors ; 3° il n'entre dans cette maison que des gens dont je suis extrêmement sûr ; 4° je suis complétement à l'abri de vos menaces et de votre vengeance, et cela parce que toutes les circonstances, tous les droits sont en ma faveur.

— Tous les droits!! m'enfermer ici...

— On ne s'y serait pas déterminé sans une foule de motifs plus graves les uns que les autres.

— Ah! il y a des motifs?...

— Beaucoup, malheureusement.

— Et on me les fera connaître, peut-être?

— Hélas! ils ne sont que trop réels, et si un jour vous vous adressiez à la justice, ainsi que vous m'en menaciez tout à l'heure, eh! mon Dieu, à notre grand regret, nous serions obligés de rappeler : — l'excentricité plus que bizarre de votre manière de vivre; — votre manie de costumer vos femmes; — vos dépenses exagérées; — l'histoire du prince indien, à qui vous offrez une hospitalité royale; — votre résolution, inouïe à dix-huit ans, de vouloir vivre seule comme un garçon; — l'aventure de l'homme trouvé caché dans votre chambre à coucher...—enfin l'on exhiberait le procès-verbal de votre interrogatoire d'hier, qui a été fidèlement recueilli par une personne chargée de ce soin.

— Comment... hier... — s'écria Adrienne avec autant d'indignation que de surprise...

— Mon Dieu, oui, afin d'être un jour en règle, si vous méconnaissiez l'intérêt que nous vous portons, nous avons fait sténographier vos réponses par un homme qui se tenait dans une pièce voisine derrière une portière... et vraiment, lorsque, l'esprit plus reposé, vous relirez un jour de sang-froid cet interrogatoire... vous ne vous étonnerez plus de la résolution qu'on a été forcé de prendre...

— Poursuivez, monsieur — dit Adrienne avec mépris.

—Les faits que je viens de vous citer étant donc avérés, reconnus, vous devez comprendre, ma chère mademoiselle Adrienne, que la responsabilité de ceux qui vous aiment est parfaitement à couvert; ils ont dû chercher à guérir ce dérangement d'esprit, qui ne se manifeste encore, il est vrai, que par de manies, mais qui compromettrait gravement votre avenir s'il se développait davantage... Or, à mon avis, on peut en espérer la cure radicale, grâce à un traitement à la fois moral et physique... dont la première condition est de vous éloigner d'un bizarre entourage qui exalte si dangereusement votre imagination ; tandis que vivant ici dans la retraite, le calme bienfaisant d'une vie simple et solitaire... mes soins empressés, et, je puis le dire, paternels, vous amèneront peu à peu à une guérison complète...

—Ainsi —dit Adrienne avec un rire amer — l'amour d'une noble indépendance, la générosité, le culte du beau, l'aversion de ce qui est odieux et lâche, telles sont les maladies dont vous devez me guérir ; je crains d'être incurable monsieur, car il y a bien longtemps que ma tante a essayé cette honnête guérison.

— Soit, nous ne réussirons peut-être pas, mais au moins nous tenterons ; vous le voyez donc bien... il y a une masse de faits assez graves pour motiver notre détermination, prise d'ailleurs en conseil de famille ; ce qui me met complétement à l'abri de vos menaces... car c'était là que j'en voulais revenir ; un homme de mon âge, de ma considération, n'agit jamais légèrement dans de telles circonstances ; vous comprendrez donc maintenant ce que je vous disais tout à l'heure : en un mot, n'espérez pas sortir d'ici avant votre complète guérison, et persuadez-vous bien que je suis et que je serai toujours à l'abri de vos menaces... Ceci bien établi... parlons de votre état actuel avec tout l'intérêt que vous m'inspirez.

— Je trouve, monsieur... que si je suis folle vous me parlez bien raisonnablement.

— Vous, folle!!... grâce à Dieu... ma pauvre enfant... vous ne l'êtes pas encore... et j'espère bien que, par mes soins, vous ne le serez jamais... Aussi, pour vous empêcher de le devenir, il faut s'y prendre à temps... et, croyez-moi, il est plus que temps... Vous me regardez d'un air tout surpris... tout étrange... Voyons... quel intérêt puis-je avoir à vous parler ainsi? Est-ce la haine de votre tante que je favorise? mais dans quel but? Que peut-elle pour ou contre moi? Je ne pense d'elle à cette heure ni plus ni moins de bien que hier. Est-ce que je vous tiens, à vous-même, un langage nouveau?... Ne vous ai-je pas hier plusieurs fois parlé de l'exaltation dangereuse de votre esprit, de vos manies bizarres ? J'ai agi de ruse pour vous amener ici... Eh ! sans doute!! j'ai saisi avec empressement l'occasion que vous m'offriez vous-même... c'est encore vrai, pauvre chère enfant... car jamais vous ne seriez venue ici volontairement; un jour ou l'autre... il eût fallu trouver un prétexte pour vous y amener... et, ma foi, je vous l'avoue... je me suis dit : son intérêt avant tout... Fais ce que dois... advienne que pourra...

A mesure que M. Baleinier parlait, la physionomie d'Adrienne, jusqu'alors alternativement empreinte d'indignation et de dédain, prenait une singulière expression d'angoisse et d'horreur...

En entendant cet homme s'exprimer d'une manière en apparence si naturelle si sincère, si convaincue et pour ainsi dire si juste et si raisonnable, elle se sentait plus épouvantée que jamais...

Une atroce trahison revêtue de telles formes, l'effrayait cent fois plus que la haine franchement avouée de madame de Saint-Dizier... Elle trouvait enfin cette audacieuse hypocrisie tellement monstrueuse qu'elle la croyait presque impossible.

Adrienne avait si peu l'art de cacher ses ressentiments que le médecin, habile et profond physionomiste, s'aperçut de l'impression qu'il produisait.

—Allons, se dit-il—c'est un pas immense;... au dédain et à la colère a succédé la frayeur... Le doute n'est pas loin... je ne sortirai pas d'ici sans qu'elle m'ait dit affectueusement : —Revenez bientôt, mon bon monsieur Baleinier.

Le médecin reprit donc d'une voix triste et émue qui semblait partir du plus profond de son cœur :

— Je le vois... vous vous défiez toujours de moi... ce que je dis n'est que mensonge, fourbe, hypocrisie, haine, n'est-ce pas?... Vous haïr... moi... et pourquoi? mon Dieu! que m'avez-vous fait? ou plutôt... vous accepterez peut-être cette raison comme plus déterminante pour un homme de ma sorte—ajouta M. Baleinier avec amertume—ou plutôt quel intérêt ai-je à vous haïr? Comment... vous... vous qui n'êtes dans l'état fâcheux où vous vous trouvez que par suite de l'exagération des plus généreux instincts... vous qui n'avez pour ainsi dire que la maladie de vos qualités... vous pouvez froidement, résolument, accuser un honnête homme qui ne vous a donné jusqu'ici que des preuves d'affection... l'accuser du crime le plus lâche, le plus noir, le plus abominable dont un homme puisse se souiller... Oui, je dis crime... parce que l'atroce trahison dont vous m'accusez ne mériterait pas d'autre nom. Tenez, ma pauvre enfant... c'est mal... bien mal, et je vois qu'un esprit indépendant peut montrer autant d'injustice et d'intolérance que les esprits les plus étroits. Cela ne m'irrite pas... non... mais cela me fait souffrir... Oui, je vous l'assure... bien souffrir.

Et le docteur passa la main sur ses yeux humides.

Il faut renoncer à rendre l'accent, le regard, la physionomie, le geste de M. Baleinier en s'exprimant ainsi.

L'avocat le plus habile et le plus exercé, le plus grand comédien du monde n'aurait pas mieux joué cette scène que le docteur... et encore non, personne ne l'eût jouée aussi bien... car M. Baleinier, emporté malgré lui par la situation, était à demi convaincu de ce qu'il disait.

En un mot il sentait toute l'horreur de sa perfidie; mais il savait aussi qu'Adrienne ne pourrait y croire, car il est des combinaisons si horribles que les âmes loyales et pures ne peuvent jamais les accepter comme possibles; si malgré soi un esprit élevé plonge du regard dans l'abîme du mal, au delà d'une certaine profondeur il est pris de vertige et ne distingue plus rien.

Et puis enfin les hommes les plus pervers ont un jour, une heure, un moment où ce que Dieu a mis de bon au cœur de toute créature se révèle malgré eux.

Adrienne était trop intéressante, elle se trouvait dans une position trop cruelle pour que le docteur ne ressentît pas au fond du cœur quelque pitié pour cette infortunée; l'obligation où il était depuis long-temps de paraître lui témoigner de la sympathie, la charmante confiance que la jeune fille avait en lui étaient devenues pour cet homme de douces et chères habitudes... mais sympathie et habitudes devaient céder devant une implacable nécessité...

Ainsi le marquis d'Aigrigny idolâtrait sa mère;... mourante, elle l'appelait... et il était parti malgré ce dernier vœu d'une mère à l'agonie...

Après un tel exemple, comment M. Baleinier n'eût-il pas sacrifié Adrienne? Les membres de l'ordre dont il faisait partie étaient à lui... mais il était à eux peut-être plus encore qu'ils n'étaient à lui, car une longue complicité dans le mal crée des liens indissolubles et terribles.

Au moment où M. Baleinier finissait de parler si chaleureusement à mademoiselle de Cardoville, la planche qui fermait extérieurement le guichet de la porte glissa doucement dans sa rainure et deux yeux regardèrent attentivement dans la chambre.

M. Baleinier ne s'en aperçut pas.

Adrienne ne pouvait détacher ses yeux du docteur, qui semblait la fasciner; muette, accablée, saisie d'une vague terreur, incapable de pénétrer dans les profondeurs ténébreuses de l'âme de cet homme, émue malgré elle par la sincérité moitié feinte, moitié vraie de son accent touchant et douloureux... la jeune fille eut un moment de doute.

Pour la première fois il lui vint à l'esprit que M. Baleinier commettait une erreur affreuse... mais que peut-être il la commettait de bonne foi...

D'ailleurs, les angoisses de la nuit, les dangers de sa position, son agitation fébrile, tout concourait à jeter le trouble et l'indécision dans l'esprit de la jeune fille ; elle contemplait le médecin avec une surprise croissante ; puis faisant un violent effort sur elle-même pour ne pas céder à une faiblesse dont elle entrevoyait vaguement les conséquences effrayantes, elle s'écria :

— Non... non, monsieur... je ne veux pas... je ne puis vous croire... vous avez trop de savoir, trop d'expérience pour commettre une pareille erreur...

— Une erreur... — dit M. Baleinier d'un ton grave et triste — une erreur... laissez-moi vous parler au nom de ce savoir, de cette expérience que vous m'accordez ; écoutez-moi quelques instants, ma chère enfant... et ensuite... je n'en appellerai... qu'à vous-même!...

— A moi-même... — reprit la jeune fille stupéfaite — vous voulez me persuader que... — puis s'interrompant, elle ajouta en riant d'un rire convulsif : — Il ne manquerait, en effet, à votre triomphe, que de m'amener à avouer que je suis folle... que ma place est ici... que je vous dois...

— De la reconnaissance... oui, vous m'en devez, ainsi que je vous l'ai dit au commencement de cet entretien... Écoutez-moi donc ; mes paroles seront cruelles, mais il est des blessures que l'on ne guérit qu'avec le fer et le feu. Je vous en conjure, ma chère enfant... Réfléchissez... jetez un regard impartial sur votre vie passée... Écoutez-vous penser... et vous aurez peur... souvenez-vous de ces moments d'exaltation étrange, pendant lesquels, disiez-vous, vous n'apparteniez plus à la terre... et puis surtout je vous en conjure pendant qu'il en est temps encore, à cette heure où votre esprit a conservé assez de lucidité pour comparer... comparez votre vie à celle des autres jeunes filles de votre âge. En est-il une seule qui vive comme vous vivez? qui pense comme vous pensez? à moins de vous croire si souverainement supérieure aux autres femmes que vous puissiez faire accepter, au nom de cette supériorité, une vie et des habitudes uniques dans le monde...

— Je n'ai jamais eu ce stupide orgueil... monsieur, vous le savez bien... — dit Adrienne en regardant le docteur avec un effroi croissant.

— Alors, ma pauvre enfant, à quoi attribuer votre manière de vivre si étrange, si inexplicable? Pourrez-vous jamais vous persuader à vous-même qu'elle est sensée? Ah! mon enfant, prenez garde... Vous en êtes encore à des originalités charmantes... à des excentricités poétiques... à des rêveries douces et vagues;... mais la pente est irrésistible, fatale.... Prenez-garde!... prenez-garde!... la partie saine, gracieuse, spirituelle de votre intelligence ayant encore le dessus... imprime son cachet à vos étrangetés... Mais vous ne savez pas, voyez-vous... avec quelle violence effrayante la partie insensée se développe et étouffe l'autre... à un moment donné. Alors, ce ne sont plus des bizarreries gracieuses comme les vôtres... ce sont des insanités ridicules, sordides, hideuses.

— Ah !.. j'ai peur...

Dit la malheureuse enfant en passant ses mains tremblantes sur son front brûlant.

— Alors... — continua M. Baleinier d'une voix altérée — alors les dernières lueurs de l'intelligence s'éteignent; alors... la folie... il faut bien prononcer ce mot épouvantable... la folie prend le dessus !.. tantôt elle éclate en transports furieux, sauvages...

— Comme la femme... de là-haut... — murmura Adrienne.

Et le regard brûlant, fixe, elle leva lentement son doigt vers le plafond.

— Tantôt — dit le médecin effrayé lui-même de l'effroyable conséquence de ses paroles, mais cédant à la fatalité de sa situation — tantôt la folie est stupide, brutale; l'infortunée créature qui en est atteinte ne conserve plus rien d'humain que la forme... elle n'a plus que les instincts des animaux ;... comme eux... elle mange avec voracité et puis comme eux elle va et vient dans la cellule où l'on est obligé de la renfermer... C'est là toute sa vie... toute...

— Comme la femme... de là-bas...

Et Adrienne, le regard de plus en plus égaré, étendit lentement son bras vers la fenêtre du bâtiment que l'on voyait par la croisée de sa chambre.

— Eh bien oui!... — s'écria M. Baleinier comme vous, malheureuse enfant.... ces femmes étaient jeunes, belles, spirituelles; mais, comme vous, hélas! elles avaient en elles ce germe fatal de l'insanité, qui, n'ayant pas été détruit à temps... a grandi... grandi... et pour toujours a étouffé leur intelligence...

— Oh! grâce... — s'écria mademoiselle de Cardoville, la tête bouleversée par la terreur — grâce... ne me dites pas ces choses-là... Encore une fois... j'ai peur... tenez... emmenez-moi d'ici... je vous dis de m'emmener d'ici — s'écria-t-elle avec un accent déchirant — je finirais par devenir folle....

Puis se débattant contre les redoutables angoisses qui venaient l'assaillir malgré elle, Adrienne reprit :

— Non! oh non... ne l'espérez pas! je ne deviendrai pas folle, j'ai toute ma raison; moi, est-ce que je suis assez aveugle pour croire ce que vous me dites là!!... sans doute, je ne vis comme personne, je ne pense comme personne, je suis choquée de choses qui ne choquent personne; mais qu'est-ce que cela prouve? Que je ne ressemble pas aux autres... Ai-je mauvais cœur? suis-je envieuse, égoïste? Mes idées sont bizarres, je l'avoue, mon Dieu, je l'avoue; mais enfin, monsieur Baleinier, vous le savez bien, vous... leur but est généreux, élevé... — Et la voix d'Adrienne devint émue, suppliante; ses larmes coulèrent abondamment. — De ma vie je n'ai fait une action méchante; si j'ai eu des torts, c'est à force de générosité : parce qu'on voudrait voir tout le monde trop heureux autour de soi, on n'est pas folle pourtant... et puis, on sent bien soi-même si l'on est folle, et je sens que je ne le suis pas, et encore... maintenant est-ce que je le sais, vous me dites des choses si effrayantes de ces deux femmes de cette nuit... vous devez savoir cela mieux que moi... mais alors — ajouta mademoiselle de Cardoville avec un accent de désespoir déchirant — il doit y avoir quelque chose à faire; pourquoi, si vous m'aimez, avoir attendu si long-temps aussi? vous ne pouviez pas avoir pitié de moi plus tôt? Et ce qui est affreux... c'est que je ne sais pas seulement si je dois vous croire... car c'est peut-être un piége... mais non... non... vous pleurez... c'est donc vrai, alors... puisque vous pleurez...

Ajouta-t-elle en regardant M. Baleinier, qui, en effet, malgré son cynisme et sa dureté, ne pouvait retenir ses larmes à la vue de ces tortures sans nom.

— Vous pleurez sur moi... mais, mon Dieu! alors, il y a quelque chose à faire, n'est-ce pas... Oh! je ferai tout ce que vous voudrez... oh! tout... pour ne pas être comme ces femmes... comme ces femmes de cette nuit, et s'il était trop tard? oh non... il n'est pas trop tard... n'est-ce pas, mon bon monsieur Baleinier?.... Oh! maintenant, je vous demande pardon de ce que je vous ai dit quand vous êtes entré... C'est qu'alors, vous concevez... moi, je ne savais pas...

A ces paroles brèves, entrecoupées de sanglots et prononcées avec une sorte d'égarement fiévreux succédèrent quelques minutes de silence pendant lesquelles le médecin profondément ému essuya ses larmes.

Ses forces étaient à bout.

Adrienne avait caché sa figure dans ses mains; tout à coup elle redressa la tête : ses traits étaient plus calmes quoique agités par un tremblement nerveux.

— Monsieur Baleinier — dit-elle avec une dignité touchante — je ne sais pas ce que je vous ai dit tout à l'heure; la crainte me faisait délirer, je crois; je viens de me recueillir. Écoutez-moi : je suis en votre pouvoir, je le sais; rien ne peut m'en arracher;... je le sais; êtes-vous pour moi un ennemi implacable?.. êtes-vous un ami? je l'ignore; craignez-vous réellement, ainsi que vous me l'assurez, que ce qui n'est chez moi que bizarrerie à cette heure ne devienne de la folie plus tard; ou bien êtes vous complice d'une machination infernale?.. vous seul savez cela... Malgré mon courage, je me déclare vaincue. Quoi que ce soit qu'on veuille de moi... vous entendez?... quoi que ce soit... j'y souscris d'avance... j'en donne ma parole, et elle est loyale, vous le savez... Vous n'aurez donc plus aucun intérêt à me retenir ici... Si, au contraire, vous croyez sincèrement ma raison en danger, et, je vous l'avoue, vous avez éveillé dans mon esprit des doutes vagues mais effrayants... alors, dites-le-moi, je vous croirai... je suis seule à votre merci, sans amis, sans conseil... Eh bien! je me confie aveuglément à vous... Est-ce mon sauveur ou mon bourreau que j'implore?.. je n'en sais rien... mais je lui dis :... Voilà mon avenir... voilà ma vie .. prenez... je n'ai plus la force de vous la disputer...

Ces paroles d'une résignation navrante, d'une confiance désespérée, portèrent le dernier coup aux indécisions de M. Baleinier.

Déjà cruellement émue de cette scène, sans réfléchir aux conséquences de ce qu'il allait faire, il voulut du moins rassurer Adrienne sur les terribles et injustes craintes qu'il avait su éveiller en elle. Les sentiments de repentir et de bienveillance qui animaient M. Baleinier se lisaient sur sa physionomie.

Ils s'y lisaient trop...

Au moment où il s'approchait de mademoiselle de Cardoville pour lui prendre la main, une petite voix tranchante et aiguë se fit entendre derrière le guichet et prononça ces seuls mots :

— Monsieur Baleinier...

— Rodin... — murmura le docteur effrayé — il m'épiait!!

— Qui vous appelle?... demanda la jeune fille à M. Baleinier.

— Quelqu'un à qui j'ai donné rendez-vous ce matin... pour aller dans le couvent de Sainte-Marie, qui est voisin de cette maison — dit le docteur avec accablement.

— Maintenant, qu'avez-vous à me répondre? — dit Adrienne avec une angoisse mortelle.

Après un moment de silence solennel, pendant lequel il tourna la tête vers le guichet, le docteur dit d'une voix profondément émue :

— Je suis... ce que j'ai toujours été... un ami... incapable de vous tromper.

Adrienne devint d'une pâleur mortelle.

Puis elle tendit la main à M. Baleinier, et

lui dit d'une voix qu'elle tâchait de rendre calme :

— Merci... j'aurai du courage... Et ce sera-t-il bien long?

— Un mois peut-être... la solitude... la réflexion, un régime approprié, mes soins dévoués... Rassurez-vous;... tout ce qui sera compatible avec votre état... vous sera permis; on aura pour vous toutes sortes d'égards... Si cette chambre vous déplaît, on vous en donnera une autre...

— Celle-ci ou une autre... peu importe — répondit Adrienne avec un accablement morne et profond.

— Allons! courage... rien n'est désespéré...

— Peut-être... vous me flattez — dit Adrienne avec un sourire sinistre. — Puis elle ajouta : — A bientôt donc... mon bon monsieur Baleinier! mon seul espoir est en vous maintenant.

Et sa tête se pencha sur sa poitrine; ses mains retombèrent sur ses genoux; et elle resta assise au bord de son lit, pâle, immobile... écrasée...

— Folle — dit-elle lorsque M. Baleinier eut disparu — peut-être folle...

. . . .

Nous nous sommes étendu sur cet épisode beaucoup moins *romanesque* que l'on ne pourrait le penser...

Plus d'une fois des intérêts, des vengeances, des machinations perfides ont abusé de l'imprudente facilité avec laquelle on reçoit quelquefois, de la main de leurs familles ou de leurs amis, des *pensionnaires* dans quelques maisons de santé particulières destinées aux aliénés.

Nous dirons plus tard notre pensée au sujet de la création d'une sorte d'inspection ressortissant de l'autorité ou de la magistrature civile, qui aurait pour but de surveiller périodiquement et fréquemment les établissements destinés à recevoir les aliénés... et d'autres établissements non moins importants, et encore plus en dehors de toute surveillance... nous voulons parler de certains couvents de femmes dont nous nous occuperons bientôt.

CHAPITRE XII.

PRESSENTIMENTS.

Pendant que les faits précédents se passaient dans la maison de santé du docteur Baleinier, d'autres scènes avaient lieu environ à la même heure, rue Brise-Miche, chez Françoise Baudoin.

Sept heures du matin venaient de sonner à l'église de Saint-Merry, le jour était bas et sombre, le givre et le grésil petillaient aux fenêtres de la triste chambre de la femme de Dagobert.

Ignorant encore l'arrestation de son fils, Françoise l'avait attendu la veille toute la soirée, et ensuite une partie de la nuit, au milieu d'inquiétudes navrantes; puis, cédant enfin à la fatigue, au sommeil, vers les trois heures du matin elle s'était jetée sur un matelas à côté du lit de Rose et Blanche.

Dès le jour (il venait de paraître), Françoise se leva pour monter dans la mansarde d'Agricol, espérant, bien faiblement il est vrai, qu'il serait rentré depuis quelques heures.

Rose et Blanche venaient de se lever et de s'habiller. Elles se trouvaient seules dans cette chambre triste et froide.

Rabat-Joie, que Dagobert avait laissé à Paris, était étendu près du poêle refroidi, et, son long museau entre ses deux pattes de devant, il ne quittait pas de l'œil les deux sœurs.

Celles-ci, ayant peu dormi la nuit, s'étaient aperçues de l'agitation et des angoisses de la femme de Dagobert. Elles l'avaient vue tantôt marcher en se parlant à elle-même, tantôt prêter l'oreille au moindre bruit qui venait de l'escalier, et parfois s'agenouiller devant le crucifix placé à l'une des extrémités de la chambre.

Les orphelines ne se doutaient pas qu'en

priant avec ferveur pour son fils, l'excellente femme priait aussi pour elles. Car l'état de leur âme l'épouvantait.

La veille, après le départ précipité de Dagobert pour Chartres, Françoise, ayant assisté au lever de Rose et Blanche, les avait engagées à dire leur prière du matin ; elles lui répondirent naïvement qu'elles n'en savaient aucune, et qu'elles ne priaient jamais autrement qu'en invoquant leur mère qui était dans le ciel.

Lorsque Françoise, émue d'une douloureuse surprise, leur parla de catéchisme, de confirmation, de communion, les deux sœurs ouvrirent de grands yeux étonnés, ne comprenant rien à ce langage.

Selon sa foi candide, la femme de Dagobert, épouvantée de l'ignorance des deux jeunes filles en matière de religion, crut leur âme dans un péril d'autant plus grave, d'autant plus menaçant, que leur ayant demandé si elles avaient au moins reçu le baptême (et elle leur expliqua la signification de ce sacrement), les orphelines lui répondirent qu'elles ne le croyaient pas, car il ne se trouvait ni église, ni prêtre dans le hameau où elles étaient nées pendant l'exil de leur mère en Sibérie.

En se mettant au point de vue de Françoise on comprendra ses terribles angoisses; car, à ses yeux, ces jeunes filles qu'elle aimait déjà tendrement, tant elles avaient de charme et de douceur, étaient pour ainsi dire de pauvres idolâtres innocemment vouées à la damnation éternelle; aussi, n'ayant pu retenir ses larmes ni cacher sa frayeur, elle les avait serrées dans ses bras, en leur promettant de s'occuper au plus tôt de leur salut, et en se désolant de ce que Dagobert n'eût pas songé à les faire baptiser en route. Or, il faut l'avouer, cette idée n'était nullement venue à l'ex-grenadier à cheval.

Quittant la veille Rose et Blanche pour se rendre aux offices du dimanche, Françoise n'avait pas osé les emmener avec elle, leur complète ignorance des choses saintes rendant leur présence à l'église sinon scandaleuse, du moins inutile; mais Françoise, dans ses ferventes prières, implora ardemment la miséricorde céleste pour les orphelines qui ne savaient pas leur âme dans une position si désespérée.

Rose et Blanche restaient donc seules dans la chambre en l'absence de la femme de Dagobert; elles étaient toujours vêtues de deuil; leurs charmantes figures semblaient encore plus pensives que tristes; quoiqu'elles fussent accoutumées à une vie bien malheureuse, dès leur arrivée dans la rue *Brise-Miche* elles s'étaient senties frappées du pénible contraste qui existait entre la pauvre demeure qu'elles venaient habiter, et les merveilles que leur imagination s'était figurées en songeant à Paris, cette ville d'or de leurs rêves.

Bientôt cet étonnement si concevable fit place à des pensées d'une gravité singulière pour leur âge; la contemplation de cette pauvreté digne et laborieuse fit profondément réfléchir les orphelines, non plus en enfants, mais en jeunes filles; admirablement servies par leur esprit juste et sympathique au bien, par leur noble cœur, par leur caractère à la fois délicat et courageux, elles avaient depuis vingt-quatre heures beaucoup observé, beaucoup médité.

— Ma sœur — dit Rose à Blanche lorsque Françoise eut quitté la chambre — la pauvre femme de Dagobert est bien inquiète. As-tu remarqué, cette nuit, son agitation? Comme elle pleurait ! comme elle priait !

— J'étais émue comme toi de son chagrin, ma sœur, et je me demandais ce qui pouvait le causer...

— Je crains de le deviner... Oui, peut-être, est-ce nous qui sommes la cause de ses inquiétudes.

— Pourquoi, ma sœur? parce que nous ne savons pas de prières, et que nous ignorons si nous avons été baptisées?

— Cela a paru lui faire une grande peine, il est vrai; j'en ai été bien touchée, parce que cela prouve qu'elle nous aime tendrement... Mais je n'ai pas compris comment nous courions des dangers terribles, ainsi qu'elle disait...

— Ni moi non plus, ma sœur. Nous tâchons de ne rien faire qui puisse déplaire à notre mère, qui nous voit et nous entend...

— Nous aimons ceux qui nous aiment, nous ne haïssons personne, nous nous résignons à tout ce qui nous arrive... quel mal peut-on nous reprocher?

— Aucun; mais vois-tu, ma sœur, nous pourrions en faire involontairement...

— Nous?

— Oui... et c'est pour cela que je te disais : Je crains que nous ne soyons cause des inquiétudes de la femme de Dagobert.

— Comment donc cela?

— Écoute, ma sœur... hier, madame Françoise a voulu travailler à ces sacs de grosse toile... que voilà sur la table...

— Oui... et au bout d'une demi-heure... elle nous a dit bien tristement qu'elle ne pouvait pas continuer... qu'elle n'y voyait plus clair... que ses yeux étaient perdus...

— Ainsi, elle ne peut plus travailler pour gagner sa vie...

— Non, c'est son fils, M. Agricol, qui la soutient... il a l'air si bon, si gai, si franc, et si heureux de se dévouer pour sa mère... Ah! c'est bien le digne frère de notre ange Gabriel!...

— Tu vas voir pourquoi je te parle du travail de M. Agricol... Notre bon vieux Dagobert nous a dit qu'en arrivant ici il ne lui restait plus que quelques pièces de monnaie.

— C'est vrai...

— Il est, ainsi que sa femme, hors d'état de gagner sa vie; un pauvre vieux soldat comme lui, que ferait-il?

— Tu as raison ; il ne sait que nous aimer et nous soigner comme ses enfants.

— Il faut donc que ce soit encore M. Agricol qui soutienne son père... car Gabriel est un pauvre prêtre qui, ne possédant rien, ne peut rien pour ceux qui l'ont élevé... ainsi tu vois, c'est M. Agricol qui, seul, fait vivre toute la famille...

— Sans doute... il s'agit de sa mère... de son père... c'est son devoir, et il le fait de bon cœur...

— Oui, ma sœur... mais à nous, il ne nous doit rien...

— Que dis-tu, Blanche?

— Il va donc aussi être obligé de travailler pour nous, puisque nous n'avons rien au monde...

— Je n'avais pas songé à cela... C'est juste.

— Vois-tu, ma sœur, notre père à beau être duc et maréchal de France, comme dit Dagobert... nous avons beau pouvoir espérer bien des choses de cette médaille; tant que notre père ne sera pas ici, tant que nos espérances ne seront pas réalisées, nous serons toujours de pauvres orphelines, obligées d'être à charge à cette brave famille à qui nous devons tant, et qui après tout est si gênée... que...

— Pourquoi t'interromps-tu, ma sœur?

— Ce que je vais te dire ferait rire d'autres personnes, mais toi tu comprendras : hier, la femme de Dagobert, en voyant manger ce pauvre *Rabat-Joie*, a dit tristement : Hélas! mon Dieu, il mange comme une personne... La manière dont elle a dit cela m'a donné envie de pleurer; juge s'ils sont pauvres... et pourtant, nous venons encore augmenter leur gêne...

Et les deux sœurs se regardèrent tristement, tandis que *Rabat-Joie* faisait mine de ne pas entendre ce qu'on disait de sa voracité.

— Ma sœur, je te comprends... — dit Rose après un moment de silence. — Eh bien! il ne faut être à charge à personne... Nous sommes jeunes, nous avons bon courage. En attendant que notre position se décide, regardons-nous comme des filles d'ouvriers... Après tout, notre grand-père n'était-il pas artisan lui-même? Trouvons donc de l'ouvrage et gagnons notre vie... Gagner sa vie... Comme on doit être fière... heureuse !...

— Bonne petite sœur ! — dit Blanche en embrassant Rose ; — quel bonheur !.. tu m'as prévenue... embrasse-moi !

— Comment?

— Ton projet... c'était aussi le mien... Oui, hier en entendant la femme de Dagobert s'écrier si tristement que sa vue était perdue... j'ai regardé tes bons grands yeux qui m'ont fait penser aux miens, et je me suis dit : Mais il me semble que si la pauvre femme de notre vieux Dagobert a perdu la vue... mesdemoiselles Rose et Blanche Simon y voient très-clair... ce qui est une compensation — ajouta Blanche en souriant.

— Et après tout, mesdemoiselles Simon ne sont pas assez maladroites — reprit Rose en souriant à son tour — pour ne pouvoir coudre de gros sacs de toile grise qui leur écorcheront peut-être un peu les doigts ; mais c'est égal.

— Tu le vois, nous pensions à deux comme toujours ; seulement je voulais te ménager une surprise et attendre que nous fussions seules pour te dire mon idée.

— Oui, mais il y a quelque chose qui me tourmente.

— Qu'est-ce donc?

— D'abord, Dagobert et sa femme ne manqueront pas de nous dire : Mesdemoiselles, vous n'êtes pas faites pour cela ; coudre de gros vilains sacs de toile? Fi donc... les filles d'un maréchal de France : et puis, si nous insistons... Eh bien! nous dira-t-on, il n'y a pas d'ouvrage à vous donner.... Si vous en voulez... cherchez-en... mesdemoiselles. Et alors, qui sera bien embarrassé? Mesdemoiselles Simon ; car où trouverons-nous de l'ouvrage?

— Le fait est que quand Dagobert s'est mis quelque chose dans la tête...

— Oh! après ça... en le câlinant bien...

— Oui, pour certaines choses... mais pour d'autres, il est intraitable. C'est comme si en route nous eussions voulu l'empêcher de se donner tant de peine pour nous...

— Ma sœur, une idée — s'écria Rose — une excellente idée.

— Voyons, dis vite....

— Tu sais bien cette jeune ouvrière qu'on appelle la Mayeux, et qui paraît si serviable, si persévérante...

— Oh! oui, et puis timide, discrète; on dirait qu'elle a toujours peur de gêner en vous regardant. Tiens, hier, elle ne s'apercevait pas que je la voyais; elle te contemplait d'un air si bon, si doux, elle semblait si heureuse, que les larmes me sont venues aux yeux tant je me suis sentie attendrie...

— Eh bien! il faudra demander à la Mayeux comment elle fait pour trouver à s'occuper, car certainement elle vit de son travail.

— Tu as raison, elle nous le dira; et quand nous le saurons, Dagobert aura beau nous gronder, vouloir faire le fier pour nous, nous serons aussi entêtées que lui.

— C'est cela, ayons du caractère; prouvons-lui que nous avons, comme il le dit lui-même, du sang de soldat dans les veines.

— Tu prétends que nous serons peut-être riches un jour, mon bon Dagobert?... — lui dirons-nous — eh bien!... tant mieux; nous nous rappellerons ce temps-ci avec plus de plaisir encore.

— Ainsi, c'est convenu, n'est-ce pas, Rose? La première fois que nous nous trouverons avec la Mayeux, il faudra lui faire notre confidence et lui demander des renseignements : elle est si bonne personne, qu'elle ne nous refusera pas.

— Aussi, quand notre père reviendra, il nous saura gré, j'en suis sûre, de notre courage.

— Et il nous applaudira d'avoir voulu nous suffire à nous-mêmes, comme si nous étions seules au monde.

A ces mots de sa sœur, Rose tressaillit.

Un nuage de tristesse, presque d'effroi, passa sur sa charmante figure, et elle s'écria :

— Mon Dieu! ma sœur, quelle horrible pensée!...

— Qu'as-tu donc? tu me fais peur...

— Au moment où tu disais que notre père

nous saurait gré de nous suffire à nous-mêmes, comme si nous étions seules au monde... une affreuse idée m'est venue... je ne sais pourquoi... et puis... tiens, sens comme mon cœur bat, on dirait qu'il va nous arriver un malheur !

— C'est vrai, ton pauvre cœur bat d'une force... Mais à quoi as-tu donc pensé ? tu m'effraies.

— Quand nous avons été prisonnières, au moins on ne nous a pas séparées; et puis enfin, la prison était un asile...

— Oui, bien triste, quoique partagé avec toi...

— Mais si, en arrivant ici, un hasard... un malheur... nous avait séparées de Dagobert; si nous nous étions trouvées... seules... abandonnées sans ressources dans cette grande ville?

— Ah ! ma sœur... ne dis pas cela... tu as raison. C'est terrible... Que devenir ? mon Dieu !

A cette terrible pensée, les deux jeunes filles restèrent un moment silencieuses et accablées.

Leurs jolies figures, jusqu'alors animées d'une noble espérance, pâlirent et s'attristèrent.

Après un assez long silence, Rose releva la tête : ses yeux étaient humides de larmes.

— Mon Dieu! — dit-elle d'une voix tremblante — pourquoi donc cette pensée nous attriste-t-elle autant, ma sœur?... J'ai le cœur navré comme si ce malheur devait nous arriver un jour....

— Je ressens, comme toi... une grande frayeur... Hélas!... toutes deux perdues dans cette ville immense... Qu'est-ce que nous ferions?

— Tiens... Blanche... n'ayons pas de ces idées-là... Ne sommes-nous pas ici chez Dagobert... au milieu de bien bonnes gens?...

— Vois-tu, ma sœur — reprit Rose d'un air pensif — c'est peut-être un bien... que cette pensée nous soit venue.

— Pourquoi donc?

— Maintenant, nous trouverons ce pauvre logis d'autant meilleur, que nous y serons à l'abri de toutes nos craintes... Et lorsque, grâce à notre travail, nous serons sûres de n'être à charge à personne... que nous manquera-t-il en attendant l'arrivée de notre père ?

— Il ne nous manquera rien... tu as raison... mais enfin pourquoi cette pensée nous est-elle venue ? Pourquoi nous accable-t-elle si douloureusement ?

— Oui enfin... pourquoi ? Après tout ne sommes-nous pas ici au milieu d'amis qui nous aiment ? Comment supposer que nous soyons jamais abandonnées seules dans Paris ? Il est impossible qu'un tel malheur nous arrive... n'est-ce pas, ma sœur ?

— Impossible... — dit Rose en tressaillant — et si la veille du jour où nous sommes arrivées dans ce village d'Allemagne où ce pauvre Jovial a été tué, on nous eût dit : — Demain vous serez prisonnières... nous aurions dit comme aujourd'hui... c'est impossible. Est-ce que Dagobert n'est pas là pour nous protéger ? qu'avons-nous à craindre ?... Et pourtant... souviens-toi, ma sœur, deux jours après nous étions en prison à Leipsick...

— Oh ! ne dis pas cela, ma sœur... cela fait peur.

PRESSENTIMENTS.

Et par un mouvement sympathique les orphelines se prirent par la main et se serrèrent l'une contre l'autre en regardant autour d'elles avec un effroi involontaire.

L'émotion qu'elles éprouvaient était en effet profonde, étrange, inexplicable... et pourtant vaguement menaçante, comme ces noirs pressentiments qui vous épouvantent malgré vous... comme ces funestes prévisions qui jettent souvent un éclair sinistre sur les profondeurs mystérieuses de l'avenir ;

Divinations bizarres, incompréhensibles, quelquefois aussitôt oubliées qu'éprouvées, mais qui plus tard, lorsque les événements viennent les justifier, vous apparaissent alors, par le souvenir, dans toute leur effrayante fatalité.

. . . .

Les filles du maréchal Simon étaient encore plongées dans l'accès de tristesse que ces pensées singulières avaient éveillées en elles, lorsque la femme de Dagobert, redescendant de chez son fils, entra dans la chambre, les traits douloureusement altérés.

CHAPITRE XIII.

LA LETTRE.

Lorsque Françoise rentra dans la chambre, sa physionomie était si profondément altérée que Rose ne put s'empêcher de s'écrier :

— Mon Dieu ! madame... qu'avez-vous ?

— Hélas ! mes chères demoiselles, je ne puis vous le cacher plus long-temps... — et Françoise fondit en larmes — depuis hier, je ne vis pas... J'attendais mon fils pour souper comme à l'ordinaire... il n'est pas venu. Je n'ai pas voulu vous laisser voir combien cela me chagrinait déjà... je l'attendais de minute en minute... car depuis dix ans il n'est jamais monté se coucher sans venir m'embrasser... J'ai passé une partie de la nuit là, près de la porte, à écouter si j'entendais son pas... Je n'ai rien entendu... Enfin, à trois heures du matin, je me suis jetée sur un matelas... Je viens d'aller voir si, comme je l'espérais, il est vrai faiblement, mon fils n'était pas rentré au matin...

— Eh bien ! madame?...

— Il n'est pas revenu !... — dit la pauvre mère en essuyant ses yeux.

Rose et Blanche se regardèrent avec émotion; une même pensée les préoccupait : si Agricol ne revenait pas, comment vivrait cette famille? Ne deviendraient-elles pas alors une charge doublement pénible dans cette circonstance?

— Mais peut-être, madame — dit Blanche — M. Agricol sera-t-il resté à travailler trop tard pour avoir pu revenir hier soir.

— Oh ! non, non, il serait rentré au milieu de la nuit, sachant les inquiétudes qu'il me causerait... Hélas !... il lui sera arrivé un malheur... peut-être blessé à sa forge; il est si ardent, si courageux au travail !... Ah ! mon pauvre fils !!! Et comme si déjà je ne ressentais pas assez d'angoisses à son sujet, me voici maintenant tourmentée pour cette pauvre jeune ouvrière qui demeure là-haut.

— Comment donc, madame?

— En sortant de chez mon fils je suis entrée chez elle pour lui conter mon chagrin, car elle est presqu'une fille pour moi... je ne l'ai pas trouvée... dans le petit cabinet qu'elle occupe; le jour commençait à peine; son lit n'était pas seulement défait... Où est-elle allée sitôt? elle qui ne sort jamais...

Rose et Blanche se regardèrent avec une nouvelle inquiétude, car elles comptaient beaucoup sur la Mayeux pour les aider dans la résolution qu'elles venaient de prendre. Heureusement elles furent, ainsi que Françoise, presque à l'instant rassurées, car, après deux coups frappés discrètement à la porte, on entendit la voix de la Mayeux.

— Peut-on entrer, madame Françoise?

Par un mouvement spontané Rose et Blanche coururent à la porte et l'ouvrirent à la jeune fille.

Le givre et la neige tombaient incessamment depuis la veille; aussi la robe d'indienne de la jeune ouvrière, son petit châle de cotonnade, et son bonnet de tulle noir qui, découvrant ses deux épais bandeaux de cheveux châtains, encadrait son pâle et intéressant visage, étaient trempés d'eau ; le froid avait rendu livides ses mains blanches et maigres ; on voyait seulement à l'éclat de ses yeux bleus, ordinairement doux et timides, que cette pauvre créature, si frêle et si craintive, avait puisé dans la gravité des circonstances une énergie extraordinaire.

— Mon Dieu... d'où viens-tu, ma bonne Mayeux ? — lui dit Françoise ; — tout à l'heure en allant voir si mon fils était rentré... j'ai ouvert ta porte et j'ai été tout étonnée... de ne pas te trouver ;... tu es donc sortie de bien bonne heure ?

— Je vous apporte des nouvelles d'Agricol...

— De mon fils ! — s'écria Françoise en tremblant — que lui est-il arrivé ? tu l'as vu ? tu lui as parlé ? où est-il ?

— Je ne l'ai pas vu... mais je sais où il est.

Puis, s'apercevant que Françoise pâlissait, la Mayeux ajouta :

— Rassurez-vous... il se porte bien, il ne court aucun danger.

— Soyez béni ! mon Dieu !... vous ne vous lassez pas d'avoir pitié d'une pauvre pécheresse... avant-hier vous m'avez rendu mon mari; aujourd'hui, après une nuit si cruelle, vous me rassurez sur la vie de mon pauvre enfant !

En disant ces mots, Françoise s'était jetée à genoux sur le carreau en se signant pieusement.

Pendant le moment de silence causé par le mouvement dévotieux de Françoise, Rose et Blanche s'approchèrent de la Mayeux et lui dirent tout bas avec une expression de touchant intérêt :

— Comme vous êtes mouillée !... vous devez avoir bien froid... Prenez garde, si vous alliez être malade.

— Nous n'avons pas osé faire songer madame Françoise à allumer le poêle... mais maintenant nous allons le lui dire.

Aussi surprise que pénétrée de la bienveillance que lui témoignaient les filles du maréchal Simon, la Mayeux, plus sensible que toute autre à la moindre preuve de bonté, leur répondit avec un regard d'ineffable reconnaissance :

— Je vous remercie de vos bonnes intentions, mesdemoiselles. Rassurez-vous; je suis habituée au froid, et je suis d'ailleurs si inquiète que je ne le sens pas.

— Et mon fils? — dit Françoise en se relevant après être restée quelques moments agenouillée — pourquoi a-t-il passé la nuit dehors? Vous savez donc où le trouver, ma bonne Mayeux?.. Va-t-il venir bientôt... pourquoi tarde-t-il?

— Madame Françoise, je vous assure qu'Agricol se porte bien; mais, je dois vous dire que d'ici à quelque temps...

— Eh bien?...

— Voyons, madame, du courage.

— Ah! mon Dieu!.. je n'ai pas une goutte de sang dans les veines... Qu'est-il donc arrivé?... pourquoi ne le verrai-je pas?

— Hélas! madame... il est arrêté!

— Arrêté! — s'écrièrent Rose et Blanche avec effroi.

— Que votre volonté soit faite en toute chose, mon Dieu! — dit Françoise — mais c'est un bien grand malheur... Arrêté... lui... si bon... si honnête... Et pourquoi l'arrêter?.. il faut donc qu'il y ait une méprise?

— Avant-hier — reprit la Mayeux — j'ai reçu une lettre anonyme; on m'avertissait qu'Agricol pouvait être arrêté d'un moment à l'autre, à cause de son *Chant des Travailleurs;* nous sommes convenus avec lui qu'il irait chez cette demoiselle si riche de la rue de Babylone, qui lui avait offert ses services; Agricol devait lui demander d'être sa caution pour l'empêcher d'aller en prison. Hier matin, il est parti pour aller chez cette demoiselle.

— Tu savais tout cela, et tu ne m'as rien dit... ni lui non plus... Pourquoi me l'avoir caché?

— Afin de ne pas vous inquiéter pour rien, madame Françoise, car, comptant sur la générosité de cette demoiselle, j'attendais à chaque instant Agricol. Hier au soir, ne le voyant pas venir, je me suis dit : Peut-être les formalités à remplir pour la caution le retiennent long-temps... Mais le temps passait, il ne paraissait pas... J'ai ainsi veillé toute cette nuit pour l'attendre.

— C'est vrai, ma bonne Mayeux, tu ne t'es pas couchée?..

— J'étais trop inquiète;... aussi ce matin, avant le jour, ne pouvant surmonter mes craintes, je suis sortie. J'avais retenu l'adresse de cette demoiselle, rue de Babylone... J'y ai couru.

— Oh! bien, bien! — dit Françoise avec anxiété — tu as eu raison. Cette demoiselle avait pourtant l'air bien bon, bien généreux, d'après ce que me disait mon fils...

La Mayeux secoua tristement la tête; une larme brilla dans ses yeux, et elle continua :

— Quand je suis arrivée rue de Babylone, il faisait encore nuit; j'ai attendu qu'il fît grand jour.

— Pauvre enfant... toi si peureuse, si chétive — dit Françoise profondément touchée; — aller si loin, et par ce temps affreux, encore... Ah! tu es bien une vraie fille pour moi...

— Agricol n'est-il pas aussi un frère pour moi? — dit doucement la Mayeux en rougissant légèrement; puis elle reprit :

— Lorsqu'il a fait grand jour, je me suis

hasardée à sonner à la porte du petit pavillon; une charmante jeune fille, mais dont la figure était pâle et triste, est venue m'ouvrir... — Mademoiselle, je viens au nom d'une malheureuse mère au désespoir — lui ai-je dit tout de suite pour l'intéresser, car j'étais si pauvrement vêtue que je craignais d'être renvoyée comme une mendiante; — mais voyant au contraire la jeune fille m'écouter avec bonté, je lui ai demandé si la veille un jeune ouvrier n'était pas venu prier sa maîtresse de lui rendre un grand service. — Hélas! oui... — m'a répondu cette jeune fille — ma maîtresse allait s'occuper de ce qu'il désirait; mais apprenant qu'on le cherchait pour l'arrêter, elle l'a fait cacher; malheureusement sa retraite a été découverte, et hier soir, à quatre heures, il a été arrêté... et conduit en prison...

Quoique les orphelines ne prissent point part à ce triste entretien, on lisait sur leurs figures attristées, et dans leurs regards inquiets, combien elles souffraient des chagrins de la femme de Dagobert.

— Mais cette demoiselle?.. — s'écria Françoise — tu aurais dû tâcher de la voir, ma bonne Mayeux, et la supplier de ne pas abandonner mon fils; elle est si riche... qu'elle doit être puissante;... sa protection peut nous sauver d'un affreux malheur!

— Hélas! — dit la Mayeux avec une douloureuse amertume — il faut renoncer à ce dernier espoir.

— Pourquoi?... puisque cette demoiselle est si bonne — dit Françoise; — elle aura pitié quand elle saura que mon fils est le seul soutien de toute une famille... et que la prison pour lui... c'est plus affreux que pour un autre, parce que c'est pour nous la dernière misère...

— Cette demoiselle — reprit la Mayeux — à ce que m'a appris la jeune fille en pleurant... cette demoiselle a été conduite hier soir dans une maison de santé;... il paraît... qu'elle est folle...

— Folle... ah! c'est horrible... pour elle... et pour nous aussi, hélas!... car, maintenant qu'il n'y a plus rien à espérer, qu'allons-nous devenir... sans mon fils? Mon Dieu... mon Dieu...

Et la malheureuse femme cacha sa figure entre ses mains.

A l'accablante exclamation de Françoise, il se fit un profond silence.

Rose et Blanche échangèrent un regard désolé qui exprimait leur profond chagrin, car elles s'apercevaient que leur présence augmentait de plus en plus les terribles embarras de cette famille.

La Mayeux, brisée de fatigue, en proie à tant d'émotions douloureuses, frissonnant sous ses vêtements mouillés, s'assit avec abattement sur une chaise, en réfléchissant à la position désespérée de cette famille.

Cette position était bien cruelle en effet...
Et lors des temps de troubles politiques ou des agitations causées dans les classes laborieuses par un chômage forcé ou par l'injuste réduction des salaires que leur impose impunément la puissante coalition des capitalistes, bien souvent des familles entières d'artisans sont, grâce à la détention préventive, dans une position aussi déplorable que celle de la famille de Dagobert par l'arrestation d'Agricol, arrestation due d'ailleurs aux manœu-

vres de Rodin et des siens, ainsi qu'on le verra plus tard.

Et à propos de la détention préventive, qui atteint souvent des ouvriers honnêtes, laborieux, presque toujours poussés à la fâcheuse extrémité des coalitions par *l'inorganisation du travail* et par *l'insuffisance des salaires*, il est, selon nous, pénible de voir la loi, qui doit être égale pour tous, refuser à ceux-ci ce qu'elle accorde à ceux-là... parce que ceux-là peuvent disposer d'une certaine somme d'argent.

Dans plusieurs circonstances, l'homme riche, moyennant *caution*, peut échapper aux ennuis, aux inconvénients d'une incarcération préventive ; il consigne une somme d'argent ; il donne sa parole de se représenter à un jour fixé, et il retourne à ses plaisirs, à ses occupations ou aux douces joies de la famille...

Rien de mieux : tout accusé est présumé innocent ; on ne saurait trop se pénétrer de cette indulgente maxime.

Tant mieux pour le riche, puisqu'il peut user du bénéfice de la loi.

Mais le pauvre?..

Non-seulement il n'a pas de caution à fournir, car il n'a d'autre capital que son labeur quotidien; mais c'est surtout pour lui, pauvre, que les rigueurs d'une incarcération préventive sont funestes, terribles...

Pour l'homme riche, la prison... c'est le manque d'aises et de bien-être... c'est l'ennui, c'est le chagrin d'être séparé des siens... certes cela mérite intérêt; toutes peines sont pitoyables, et les larmes du riche séparé de ses enfants sont aussi amères que les larmes du pauvre éloigné de sa famille...

Mais l'absence du riche ne condamne pas les siens au jeûne, ni au froid, ni à ces maladies incurables causées par l'épuisement et par la misère...

Au contraire... pour l'artisan... la prison, c'est la détresse, c'est le dénûment, c'est quelquefois la mort des siens...

Ne possédant rien, il est incapable de fournir une caution, on l'emprisonne...

Mais s'il a, comme cela se rencontre fréquemment, un père ou une mère infirme, une femme malade ou des enfants au berceau?

Que deviendra cette famille infortunée? Elle pouvait à peine vivre au jour le jour du salaire de cet homme, salaire presque toujours insuffisant, et voici que tout à coup cet unique soutien vient à manquer pendant trois ou quatre mois.

Que fera cette famille?

A qui avoir recours?

Que deviendront ces vieillards infirmes, ces femmes valétudinaires, ces petits enfants hors d'état de pouvoir gagner leur pain quotidien? S'il y a, par hasard, un peu de linge et quelques vêtements à la maison, on portera le tout au Mont-de-Piété; avec cette ressource on vivra peut-être une semaine... mais ensuite?

Et si l'hiver vient ajouter ses rigueurs à cette effrayante et inévitable misère?

Alors l'artisan prisonnier verra par la pensée, pendant ses longues nuits d'insomnie, ceux qui lui sont chers, hâves, décharnés, épuisés de besoin, couchés presque nus sur une paille sordide, et cherchant, en se pressant les uns contre les autres, à réchauffer leurs membres glacés...

Puis, si l'artisan sort acquitté, c'est la ruine, c'est le deuil qu'il trouve au retour dans sa pauvre demeure.

Et puis enfin, après un chômage si long, ses relations de travail sont rompues; que de jours perdus pour retrouver de l'ouvrage, et un jour sans labeur, c'est un jour sans pain...

Répétons-le, si la loi n'offrait pas, dans certaines circonstances, à ceux qui sont riches, le bénéfice de la *caution*, on ne pourrait que gémir sur des malheurs privés et inévitables : mais, puisque la loi consent à mettre provisoirement en liberté ceux qui possèdent une certaine somme d'argent, pourquoi prive-t-elle de cet avantage ceux-là surtout pour qui la liberté est indispensable, puisque la liberté, c'est pour eux la vie, l'existence de leur famille?

A ce déplorable état de choses, est-il un remède? Nous le croyons.

Le *minimum* de la caution exigée par la loi est de CINQ CENTS FRANCS.

Or, cinq cents francs représentent en terme

moyen SIX MOIS de travail d'un ouvrier laborieux.

Qu'il ait une femme et deux enfants (et c'est aussi le terme moyen de ses charges), il est évident qu'il lui est matériellement impossible d'avoir jamais économisé une pareille somme.

Ainsi : exiger de lui cinq cents francs pour lui accorder la liberté de soutenir sa famille, c'est le mettre virtuellement hors du bénéfice de la loi, lui qui, plus que personne, aurait le droit d'en jouir, de par les conséquences désastreuses que sa détention préventive entraîne pour les siens.

Ne serait-il pas équitable, humain, et d'un noble, d'un salutaire exemple, d'accepter, dans tous les cas où la caution est admise (et lorsque la probité de l'accusé serait honorablement constatée), d'accepter les *garanties morales* de ceux à qui leur pauvreté ne permet pas d'offrir de *garanties matérielles,* et qui n'ont d'autre capital que leur travail et leur probité, d'*accepter leur foi d'honnêtes gens* de se présenter au jour du jugement?

Ne serait-il pas moral et grand, surtout

dans ces temps-ci, de rehausser ainsi la valeur de la promesse jurée, et d'élever assez l'homme à ses propres yeux pour que son serment soit regardé comme garantie suffisante?

Méconnaîtra-t-on assez la dignité de l'homme pour crier à l'utopie, à l'impossibilité? Nous demanderons si l'on a vu beaucoup de prisonniers de guerre sur parole se parjurer, et si ces soldats et ces officiers n'étaient pas presque tous des enfants du peuple.

Sans exagérer nullement la vertu du serment chez les classes laborieuses, probes et pauvres, nous sommes certains que l'engagement pris par l'accusé de comparaître au jour du jugement serait toujours exécuté, non-seulement avec fidélité, avec loyauté, mais encore avec une profonde reconnaissance, puisque sa famille n'aurait pas souffert de son absence, grâce à l'indulgence de la loi.

Il est d'ailleurs un fait dont la France doit s'enorgueillir; c'est que généralement sa magistrature, aussi misérablement rétribuée que l'armée, est savante, intègre, humaine et indépendante; elle a conscience de son utile et imposant sacerdoce; plus que tout autre corps elle peut et elle sait charitablement apprécier les maux et les douleurs immenses des classes laborieuses de la société, avec laquelle elle est si souvent en contact (1).

On ne saurait donc accorder trop de latitude aux magistrats dans l'appréciation des cas où la *caution morale*, la seule que puisse donner l'honnête homme nécessiteux, serait admise.

Enfin, si ceux qui font les lois et ceux qui nous gouvernent avaient du peuple une opinion assez outrageante pour repousser avec un injurieux dédain les idées que nous émettons, ne pourrait-on pas au moins demander que le *minimum de la caution fût tellement abaissé, qu'il devint abordable à ceux qui ont tant besoin d'échapper aux stériles rigueurs d'une détention préventive?*

(1) Nous avons cité dans une autre œuvre, et nous nous rappellerons toujours avec autant de respect que de profonde sympathie, le beau livre de *M. Prosper Tarbé*, procureur du roi. *Travail et Salaire* est un des ouvrages les plus solides, les plus hautement pensés que l'amour éclairé de l'humanité ait jamais inspirés à un cœur généreux, à une intelligence élevée et à un esprit positif et pratique.

Ne pourrait-on prendre, pour dernière limite, le salaire moyen d'un artisan pendant un mois?

Soit : *quatre-vingts francs.*

Ce serait encore exorbitant; mais enfin, les amis aidant, le Mont-de-Piété aidant, quelques avances aidant, *quatre-vingts francs* se trouveraient, rarement il est vrai, mais du moins quelquefois, et ce serait toujours plusieurs familles arrachées à d'affreuses misères.

Cela dit, passons et revenons à la famille de Dagobert qui, par suite de la détention préventive d'Agricol, se trouvait dans une position si désespérée.

. . . .

Les angoisses de la femme de Dagobert augmentaient en raison de ses réflexions, car, en comptant les filles du général Simon, on voit que quatre personnes se trouvaient absolument sans ressources; mais, il faut l'avouer, l'excellente mère pensait moins à elle qu'au chagrin que devait éprouver son fils en songeant à la déplorable position où elle se trouvait.

A ce moment, on frappa à la porte.

— Qui est là ? — dit Françoise.

— C'est moi, madame Françoise... moi... le père Loriot.

— Entrez — dit la femme de Dagobert.

Le teinturier, qui remplissait les fonctions de portier, parut à la porte de la chambre... Au lieu d'avoir les bras et les mains d'un vert-pomme éblouissant, il les avait ce jour-là d'un violet magnifique.

— Madame Françoise — dit le père Loriot — c'est une lettre que le *donneux* d'eau bénite de Saint-Merry vient d'apporter de la part de M. l'abbé Dubois, en recommandant de vous la monter tout de suite;... il a dit que c'était très-pressé...

— Une lettre de mon confesseur ? — dit Françoise étonnée ; puis la prenant, elle ajouta : — Merci, père Loriot.

— Vous n'avez besoin de rien, madame Françoise?

— Non, père Loriot.

— Serviteur à la compagnie.

Et le teinturier sortit.

— La Mayeux, veux-tu me lire cette lettre?

— dit Françoise assez inquiète de cette missive.

— Oui, madame.

Et la jeune fille lut ce qui suit :

« Ma chère madame Baudoin,

» J'ai l'habitude de vous entendre les mar-
» dis et les samedis, mais je ne serai libre ni
» demain, ni samedi ; venez donc ce matin, le
» plus tôt possible, à moins que vous ne pré-
» fériez rester une semaine sans approcher du
» tribunal de la pénitence. »

— Une semaine... juste ciel... — s'écria la femme de Dagobert — hélas ! je ne sens que trop le besoin de m'en approcher aujourd'hui même, dans le trouble et le chagrin où je suis.

Puis s'adressant aux orphelines :

— Le bon Dieu a entendu les prières que je lui ai faites pour vous, mes chères demoiselles... puisque aujourd'hui même je vais pouvoir consulter un digne et saint homme sur les grands dangers que vous courez sans le savoir... pauvres chères âmes si innocentes et pourtant si coupables quoiqu'il n'y ait pas de votre faute !.. Ah ! le Seigneur m'est témoin que mon cœur saigne pour vous autant que pour mon fils...

Rose et Blanche se regardèrent interdites, car elles ne comprenaient pas les craintes que l'état de leur âme inspirait à la femme de Dagobert.

Celle-ci reprit, en s'adressant à la jeune ouvrière :

— Ma bonne Mayeux, il faut que tu me rendes encore un service.

— Parlez, madame Françoise.

— Mon mari a emporté pour son voyage à Chartres la paie de la semaine d'Agricol. C'est tout ce qu'il y avait d'argent à la maison; je suis sûre que mon pauvre enfant n'a pas un sou sur lui... et en prison il a peut-être besoin de quelque chose... Tu vas prendre ma timbale et mon couvert d'argent... les deux paires de draps qui restent et mon châle de bourre-de-soie, qu'Agricol m'a donné pour ma fête; tu porteras le tout au Mont-de-Piété... Je tâcherai de savoir dans quelle prison est mon fils... et je lui enverrai la moitié de la petite somme que tu rapporteras... et le reste... nous servira... en attendant mon mari... Mais quand il reviendra... comment ferons-nous?... quel coup pour lui!.. et avec ce coup... la misère... puisque mon fils est en prison... et que mes yeux sont perdus... Seigneur, mon Dieu... — s'écria la malheureuse mère avec une expression d'impatiente et amère douleur — pourquoi m'accabler ainsi?.. j'ai pourtant fait tout ce que j'ai pu pour mériter votre pitié... sinon pour moi, du moins pour les miens.

Puis, se reprochant bientôt cette exclamation, elle reprit :

— Non, non, mon Dieu ! je dois accepter tout ce que vous m'envoyez. Pardonnez-moi cette plainte, et ne punissez que moi seule.

— Courage, madame Françoise — dit la Mayeux — Agricol est innocent; il ne peut rester long-temps en prison.

— Mais j'y songe — reprit la femme de Dagobert — d'aller au Mont-de-Piété, cela va te faire perdre bien du temps, ma pauvre Mayeux.

— Je reprendrai cela sur ma nuit,... madame Françoise ; est-ce que je pourrais dormir en vous sachant si tourmentée? Le travail me distraira.

— Mais tu dépenseras de la lumière...

— Soyez tranquille, madame Françoise, je suis un peu en avance — dit la pauvre fille qui mentait.

— Embrasse-moi, du moins — dit la femme de Dagobert, les yeux humides — car tu es ce qu'il y a de meilleur au monde.

Et Françoise sortit en hâte.

Rose et Blanche restèrent seules avec la Mayeux; enfin était arrivé pour elles le moment qu'elles attendaient avec tant d'impatience.

La femme de Dagobert arriva bientôt à l'église Saint-Merry, où l'attendait son confesseur.

CHAPITRE XIV.

LE CONFESSIONNAL.

Rien de plus triste que l'aspect de la paroisse de Saint-Merry par ce jour d'hiver bas et neigeux. Un moment Françoise fut arrêtée sous le porche par un lugubre spectacle.

Pendant qu'un prêtre murmurait quelques paroles à voix basse, deux ou trois chantres crottés, en surplis sales, psalmodiaient les prières des morts d'un air distrait et maussade autour d'un pauvre cercueil de sapin, qu'un vieillard et un enfant misérablement vêtus accompagnaient seuls en sanglotant.

M. le suisse et M. le bedeau, fort contrariés d'être dérangés pour un enterrement si piteux, avaient dédaigné de revêtir leur livrée, et attendaient en bâillant d'impatience la fin de cette cérémonie, si indifférente pour la fabrique ; enfin, quelques gouttes d'eau sainte tombèrent sur le cercueil, le prêtre remit le goupillon au bedeau et se retira.

Alors il se passa une de ces scènes honteuses, conséquences forcées d'un trafic ignoble et sacrilége, une de ces indignes scènes si fréquentes lorsqu'il s'agit de l'enterrement du pauvre qui ne peut payer ni cierges, ni grand'messe, ni violons, car il y a maintenant des violons pour les morts (1).

Le vieillard tendit sa main au bedeau pour recevoir de lui le goupillon.

— Tenez... et faites vite — dit l'homme de sacristie en soufflant dans ses doigts.

L'émotion du vieillard était profonde, sa faiblesse extrême ; il resta un moment immobile, tenant le goupillon serré dans sa main tremblante. Dans cette bière était sa fille... la mère de l'enfant en haillons qui pleurait à côté de lui... Le cœur de cet homme se brisait à la pensée de ce dernier adieu... Il restait

(1) A Saint-Thomas-d'Aquin.

sans mouvement;... des sanglots convulsifs soulevaient sa poitrine.

— Ah çà! dépêchez-vous donc — dit brutalement le bedeau; est-ce que vous croyez que nous allons coucher ici (1)?

Le vieillard se dépêcha.

Il fit le signe de la croix sur le cercueil, et, se baissant, il allait placer le goupillon dans la main de son petit-fils, lorsque le sacristain, trouvant que la chose avait suffisamment duré, ôta l'aspersoir des mains de l'enfant, et fit signe aux hommes du corbillard d'enlever prestement la bière : ce qui fut fait.

— Était-il lambin, ce vieux! — dit tout bas le suisse au bedeau en regagnant la sacristie— c'est à peine si nous aurons le temps de déjeuner et de nous habiller pour l'enterrement *ficelé* de ce matin;... à la bonne heure, voilà un mort qui en vaut la peine... En avant la hallebarde!..

— Et les épaulettes de colonel pour donner dans l'œil à la loueuse de chaises, scélérat?— dit le bedeau d'un air narquois.

(1) *Historique.*

— Que veux-tu, Catillard, on est bel homme, et ça se voit — répondit le suisse d'un air triomphant — je ne peux pas non plus éborgner les femmes pour leur tranquillité.

Et les deux hommes entrèrent dans la sacristie.

La vue de l'enterrement avait encore augmenté la tristesse de Françoise.

Lorsqu'elle entra dans l'église, sept ou huit personnes, disséminées sur des chaises, étaient seules dans cet édifice humide et glacial.

L'un des *donneux* d'eau bénite, vieux drôle à la figure rubiconde, joyeuse et avinée, voyant Françoise s'approcher du bénitier, lui dit à voix basse :

—M. l'abbé Dubois n'est pas encore entré en *boîte*, dépêchez-vous, vous aurez l'étrenne de sa barbe...

Françoise, blessée de cette plaisanterie, remercia l'irrévérencieux sacristain, se signa dévotement, fit quelques pas dans l'église, et se mit à genoux sur la dalle pour faire sa prière qu'elle faisait toujours avant d'approcher du tribunal de la pénitence.

Cette prière dite, elle se dirigea vers un renfoncement obscur où se voyait noyé dans l'ombre un confessionnal de chêne, dont la porte, à claire-voie, était intérieurement garnie d'un rideau noir. Les deux places de droite et de gauche se trouvaient vacantes; Françoise s'agenouilla du côté droit et resta quelque temps plongée dans les réflexions les plus amères.

Au bout de quelques minutes un prêtre de haute taille et à cheveux gris, d'une physionomie grave et sévère, portant une longue soutane noire, s'avança lentement du fond de l'un des bas-côtés de l'église.

Un vieux petit homme voûté, mal vêtu, s'appuyant sur un parapluie, l'accompagnait lui parlant quelquefois bas à l'oreille; alors le prêtre s'arrêtait pour l'écouter avec une profonde et respectueuse déférence.

Lorsqu'ils furent auprès du confessionnal, le vieux petit homme, y ayant aperçu Françoise agenouillée, regarda le prêtre d'un air interrogatif.

— C'est elle... — dit ce dernier.

— Ainsi dans deux ou trois heures on attendra les deux jeunes filles au couvent de Sainte-Marie... — J'y compte — dit le vieux petit homme.

— Je l'espère pour leur salut — répondit gravement le prêtre en s'inclinant. Il entra dans le confessionnal.

Le vieux petit homme quitta l'église.

Ce vieux petit homme était Rodin; c'est en sortant de Saint-Merry qu'il s'était rendu dans la maison de santé, afin de s'assurer que le docteur Baleinier exécutait fidèlement ses instructions à l'égard d'Adrienne de Cardoville.

Françoise était toujours agenouillée dans l'intérieur du confessionnal; une des chatières latérales s'ouvrit, et une voix parla.

Cette voix était celle du prêtre qui, depuis vingt ans, confessait la femme de Dagobert, et avait sur elle une influence irrésistible et toute-puissante.

— Vous avez reçu ma lettre? — dit la voix.

— Oui, mon père.

— C'est bien... je vous écoute...

— Bénissez-moi, mon père, parce que j'ai péché — dit Françoise.

La voix prononça la formule de la bénédiction.

La femme de Dagobert y répondit *amen*, comme il convient ; dit son *Confiteor* jusqu'à : *C'est ma faute ;* rendit compte de la façon dont elle avait accompli sa dernière pénitence et en vint à l'énumération des nouveaux péchés commis depuis l'absolution reçue.

Car cette excellente femme, ce glorieux martyr du travail et de l'amour maternel, croyait toujours pécher; sa conscience était incessamment bourrelée par la crainte d'avoir commis on ne sait quelles incompréhensibles peccadilles. Cette douce et courageuse créature qui, après une vie entière de dévouement, aurait dû se reposer dans le calme et dans la sérénité de son âme, se regardait comme une grande pécheresse, et vivait dans une angoisse incessante, car elle doutait fort de son salut.

— Mon père — dit Françoise d'une voix émue — je m'accuse de n'avoir pas fait ma prière du soir avant-hier... Mon mari, dont j'étais séparée depuis bien des années, est arrivé...Alors le trouble, le saisissement, la joie de son retour... m'ont fait commettre ce grand péché dont je m'accuse.

— Ensuite? — dit la voix avec un accent sévère qui inquiéta Françoise.

— Mon père... je m'accuse d'être retombée dans le même péché hier soir... J'étais dans une mortelle inquiétude ;... mon fils ne rentrait pas... je l'attendais de minute... en minute ;... l'heure a passé dans ces inquiétudes...

— Ensuite? — dit la voix.

— Mon père... je m'accuse d'avoir menti toute cette semaine à mon fils en lui disant qu'écoutant ses reproches sur la faiblesse de ma santé, j'avais bu un peu de vin à mon repas... J'ai préféré le lui laisser ; il en a plus besoin que moi ; il travaille tant !

— Continuez — dit la voix.

— Mon père... je m'accuse d'avoir ce matin manqué un moment de résignation en apprenant que mon pauvre fils était arrêté :... au lieu de subir avec respect et reconnaissance la nouvelle épreuve que le Seigneur... m'envoyait... hélas ! je me suis révoltée dans ma douleur... et je m'en accuse.

— Mauvaise semaine — dit la voix de plus

en plus sévère — mauvaise semaine... toujours vous avez mis la créature avant le Seigneur... Enfin... poursuivez.

— Hélas ! mon père — dit Françoise avec accablement — je le sais, je suis une grande pécheresse... et je crains d'être sur la voie de péchés bien plus graves.

— Parlez !

— Mon mari a ramené du fond de la Sibérie deux jeunes orphelines... filles de M. le maréchal Simon... Hier matin, je les ai engagées à faire leurs prières, et j'ai appris par elles avec autant de frayeur que de désolation qu'elles ne connaissaient aucun des mystères de la foi, quoiqu'elles soient âgées de quinze ans ; elles n'ont jamais approché d'aucun sacrement et elles n'ont pas même reçu le baptême, mon père... pas même le baptême !...

— Mais ce sont donc des idolâtres ? — s'écria la voix avec un accent de surprise courroucée.

— C'est ce qui me désole, mon père, car moi et mon mari remplaçant les parents de ces jeunes orphelines, nous serions coupables des péchés qu'elles pourraient commettre, n'est-ce pas, mon père?

— Certainement... puisque vous remplacez ceux qui doivent veiller sur leur âme; le pasteur répond de ses brebis — dit la voix.

— Aussi, mon père, dans le cas où elles seraient en péché mortel, moi et mon mari nous serions en péché mortel!

— Oui — dit la voix; — vous remplacez leur père et leur mère, et le père et la mère sont coupables de tous les péchés que commettent leurs enfants, lorsque ceux-ci pèchent parce qu'ils n'ont pas reçu une éducation chrétienne.

— Hélas! mon père... que dois-je faire? Je m'adresse à vous comme à Dieu... Chaque jour, chaque heure que ces pauvres jeunes filles passent dans l'idolâtrie peut avancer leur damnation éternelle, n'est-ce pas, mon père?... — dit Françoise d'une voix profondément émue.

— Oui... — répondit la voix — et cette terrible responsabilité pèse maintenant sur vous et sur votre mari, vous avez charge d'âmes...

— Hélas ! mon Dieu.., prenez pitié de moi — dit Françoise en pleurant.

— Il ne faut pas vous désoler ainsi — reprit la voix d'un ton plus doux ; — heureusement pour ces infortunées, elles vous ont rencontrée dans leur route... Elles auront en vous et en votre mari de bons et saints exemples... car votre mari, autrefois impie, pratique maintenant ses devoirs religieux, je suppose ?

— Il faut prier pour lui, mon père... — dit tristement Françoise — la grâce ne l'a pas encore touché... C'est comme mon pauvre enfant... qu'elle n'a pas encore touché non plus... Ah ! mon père — dit Françoise en essuyant ses larmes — ces pensées-là sont ma plus lourde croix.

— Ainsi, ni votre mari, ni votre fils... ne *pratiquent*... — dit la voix avec réflexion — ceci est très-grave, très-grave... L'éducation religieuse de ces deux malheureuses jeunes filles est tout entière à faire... Elles auront chez vous, à chaque instant sous les yeux, de déplorables exemples... Prenez garde... je vous l'ai dit... Vous avez charge d'âmes... Votre responsabilité est immense...

— Mon Dieu ! mon père... c'est ce qui me désole... je ne sais comment faire. Venez à mon secours, donnez-moi vos conseils : depuis vingt ans, votre voix est pour moi la voix du Seigneur.

— Eh bien ! il faut vous entendre avec votre mari et mettre ces infortunées dans une maison religieuse... où on les instruira.

— Nous sommes trop pauvres, mon père, pour payer leur pension, et malheureusement encore mon fils vient d'être mis en prison pour des chants qu'il a faits.

— Voilà où mène... l'impiété... — dit sévèrement la voix ; — voyez Gabriel... il a suivi mes conseils... et à cette heure... il est le modèle de toutes les vertus chrétiennes...

— Mon fils Agricol a aussi bien des qualités, mon père... il est si bon, si dévoué...

— Sans religion — dit la voix avec un redoublement de sévérité — ce que vous appelez des qualités sont de vaines apparences ; au moindre souffle du démon elles disparaissent... car le démon demeure au fond de toute âme sans religion.

— Ah ! mon pauvre fils — dit Françoise

en pleurant — je prie pourtant bien chaque jour pour que la foi l'éclaire...

— Je vous l'ai toujours dit — reprit la voix —vous avez été trop faible pour lui; à cette heure Dieu vous en punit; il fallait vous séparer de ce fils irréligieux, ne pas consacrer son impiété en l'aimant comme vous faites; quand on a un membre gangrené, a dit l'Ecriture, on se le retranche...

— Hélas! mon père... vous le savez, c'est la seule fois que je vous ai désobéi... je n'ai jamais pu me résoudre à me séparer de mon fils...

— Aussi... votre salut est-il incertain; mais Dieu est miséricordieux... ne retombez pas dans la même faute au sujet de ces deux jeunes filles, que la Providence vous a envoyées pour que vous les sauviez de l'éternelle damnation, qu'elles n'y soient pas du moins plongées par votre coupable indifférence.

— Ah! mon père... j'ai bien pleuré, bien prié sur elles.

— Cela ne suffit pas... ces malheureuses ne doivent avoir aucune notion du bien et du mal. Leur âme doit être un abîme de scandale et d'impuretés... élevées par une mère impie et par un soldat sans foi.

— Quant à cela, mon père — dit naïvement Françoise — rassurez-vous, elles sont douces comme des anges, et mon mari, qui ne les a pas quittées depuis leur naissance, dit qu'il n'y a pas de meilleurs cœurs.

— Votre mari a été, pendant toute sa vie, en péché mortel — dit durement la voix — il n'a pas caractère pour juger de l'état des âmes, et, je vous le répète, puisque vous remplacez les parents de ces infortunées, ce n'est pas demain, c'est aujourd'hui, à l'heure même, qu'il faut travailler à leur salut, sinon vous encourrez une responsabilité terrible.

— Mon Dieu, cela est vrai — je le sais bien, mon père... et cette crainte m'est au moins aussi affreuse que la douleur de savoir mon fils arrêté... Mais, que faire ?... Instruire ces jeunes filles chez nous, je ne le pourrais pas : je n'ai pas la science.... je n'ai que la foi; et puis mon pauvre mari, dans son aveuglement, plaisante sur ces saintes choses, que mon fils respecte en ma présence par égard pour moi... Encore une fois, mon père... je vous en conjure, venez à mon secours... que faire ? conseillez-moi.

— On ne peut pourtant pas abandonner à une effroyable perdition ces deux jeunes âmes — dit la voix après un moment de silence — il n'y a pas deux moyens de salut... il n'y en a qu'un seul :... les placer dans une maison religieuse, où elles ne soient entourées que de saints et pieux exemples.

— Ah ! mon père, si nous n'étions pas si pauvres, ou si du moins je pouvais encore travailler, je tâcherais de gagner de quoi payer leur pension, de faire comme j'ai fait pour Gabriel.... Malheureusement, ma vue est complétement perdue; mais, j'y pense, mon père... vous connaissez tant d'âmes charitables... si vous pouviez les intéresser en faveur de ces deux pauvres orphelines ?

— Mais leur père, où est-il ?

— Il était dans l'Inde; mon mari m'a dit qu'il doit arriver en France prochainement;... mais rien n'est certain... et puis encore une chose: mon père, le cœur me saignerait de voir ces pauvres enfants partager notre misère... et elle va être bien grande;... car nous ne vivons que du travail de mon fils.

— Ces jeunes filles n'ont donc aucun parent ici? — dit la voix.

— Je ne le crois pas, mon père.

— Et c'est leur mère qui les a confiées à votre mari pour les amener en France?

— Oui, mon père; et il a été obligé de partir hier pour Chartres pour une affaire très-pressée, m'a-t-il dit.

(On se rappelle que Dagobert n'avait pas jugé à propos d'instruire sa femme des espérances que les filles du maréchal Simon devaient fonder sur la médaille, et qu'elles-mêmes avaient reçu du soldat l'expresse recommandation de n'en pas parler même à Françoise.)

— Ainsi — reprit la voix après quelques moments de silence — votre mari n'est pas à Paris?

— Non, mon père... il reviendra sans doute ce soir ou demain matin...

— Écoutez — dit la voix après une nouvelle pause — chaque minute perdue pour le salut de ces deux jeunes filles est un nouveau pas qu'elles font dans une voie de perdition... D'un moment à l'autre, la main de Dieu peut s'appesantir sur elles, car lui seul sait l'heure de notre mort ; et mourant dans l'état où elles sont, elles seraient damnées peut-être pour l'éternité ; dès aujourd'hui même, il faut donc ouvrir leurs yeux à la lumière divine... et les mettre dans une maison religieuse... Tel est votre devoir, tel serait votre désir ?

— Oh oui... mon père !.. mais malheureusement je suis trop pauvre, je vous l'ai dit.

— Je le sais, ce n'est ni le zèle ni la foi qui vous manquent ; mais fussiez-vous capable de diriger ces jeunes filles, les exemples impies de votre mari, de votre fils, détruiraient quotidiennement votre ouvrage... d'autres doivent donc faire pour ces orphelines, au nom de la charité chrétienne, ce que vous ne pouvez faire... vous qui répondez d'elles... devant Dieu.

— Ah ! mon père... si grâce à vous cette bonne œuvre s'accomplissait, quelle serait ma reconnaissance !

— Cela n'est pas impossible ;... je connais

la supérieure d'un couvent où les jeunes filles seraient instruites comme elles doivent l'être ;... le prix de leur pension serait diminué en faveur de leur pauvreté ; mais si minime qu'elle soit, il faudrait la payer... Il y a aussi un trousseau à fournir... Cela, pour vous, serait encore trop cher.

— Hélas, oui... mon père !

— En prenant un peu sur mon fonds d'aumônes, en m'adressant à certaines personnes généreuses, je pourrais compléter la somme nécessaire... et faire ainsi recevoir les jeunes filles au couvent.

— Ah ! mon père... vous êtes mon sauveur... et celui de ces enfants...

— Je le désire... mais dans l'intérêt même de leur salut, et pour que ces mesures soient efficaces, je dois mettre plusieurs conditions à l'appui que je vous offre.

— Ah ! dites-les, mon père, elles sont acceptées d'avance. Vos commandements sont tout pour moi.

— D'abord elles seront conduites ce matin même au couvent par ma gouvernante... à qui vous les amènerez tout à l'heure.

— Ah! mon père... c'est impossible! — s'écria Françoise.

— Impossible! et pourquoi?

— En l'absence de mon mari...

— Eh bien?

— Je n'ose prendre une détermination pareille... sans le consulter.

— Non-seulement il ne faut pas le consulter, mais il faut que ceci soit fait pendant son absence...

— Comment, mon père, je ne pourrais pas attendre son retour?

— Pour deux raisons — reprit sévèrement la voix — il faut vous en garder : d'abord parce que, dans son impiété endurcie, il voudrait certainement s'opposer à votre sage et pieuse résolution; puis il est indispensable que les jeunes filles rompent toute relation avec votre mari, et, pour cela, il faut qu'il ignore le lieu de leur retraite.

— Mais, mon père — dit Françoise en proie à une hésitation et à un embarras cruel — c'est à mon mari que l'on a confié ces enfants; et disposer d'elles sans son aveu... c'est...

La voix interrompit Françoise.

— Pouvez-vous, oui ou non, instruire ces jeunes filles chez vous?

— Non, mon père, je ne le peux pas.

— Sont-elles, oui ou non, exposées à rester dans l'impénitence finale en demeurant chez vous?

— Oui, mon père, elles y sont exposées.

— Êtes-vous, oui ou non, responsable des péchés mortels qu'elles peuvent commettre, puisque vous remplacez leurs parents?

— Hélas, oui, mon père, j'en suis responsable devant Dieu !

— Est-ce, oui ou non, dans l'intérêt de leur salut éternel que je vous enjoins de les mettre au couvent aujourd'hui même?

— C'est pour leur salut, mon père.

— Eh bien ! maintenant choisissez...

— Je vous en supplie, mon père, dites-moi si j'ai le droit de disposer d'elles sans l'aveu de mon mari.

— Le droit! mais il ne s'agit pas seulement de droit; il s'agit pour vous d'un devoir sacré. Ce serait, n'est-ce pas, votre devoir d'arracher ces infortunées du milieu d'un incendie, malgré la défense de votre mari ou en son absence? Eh bien! ce n'est pas d'un incendie qui ne brûle que le corps, que vous devez les arracher... c'est d'un incendie où leur âme brûlerait pour l'éternité.

— Excusez-moi, je vous en supplie, si j'insiste, mon père — dit la pauvre femme, dont l'indécision et les angoisses augmentaient à chaque minute — éclairez-moi dans mes doutes... puis-je agir ainsi après avoir juré obéissance à mon mari?

— Obéissance pour le bien... oui;... pour le mal, jamais! et vous convenez vous-même que, grâce à lui, le salut de ces orphelines serait compromis, impossible peut-être.

— Mais, mon père — dit Françoise en tremblant — lorsqu'il va être de retour, mon mari me demandera où sont ces enfants... Il me faudra donc lui mentir?

— Le silence n'est pas un mensonge, vous lui direz que vous ne pouvez répondre à sa question.

— Mon mari... est le meilleur des hommes; mais une telle réponse le mettra hors de lui... il a été soldat... et sa colère sera terrible... mon père — dit Françoise en frémissant à cette pensée.

— Et sa colère serait cent fois plus terrible encore, que vous devriez la braver, vous glorifier de la subir pour une si sainte cause! — s'écria la voix avec indignation. — Croyez-vous donc que l'on fasse si facilement son salut sur cette terre?... Et depuis quand le pécheur qui veut sincèrement servir le Seigneur songe-t-il aux pierres et aux épines où il peut se meurtrir et se déchirer?

— Pardon, mon père..... pardon — dit Françoise avec une résignation accablante. — Permettez-moi encore une question, une seule! Hélas! si vous ne me guidez... qui me guidera?

— Parlez.

— Lorsque M. le maréchal Simon arrivera, il demandera ses enfants à mon mari... Que pourra-t-il répondre, à son tour, à leur père, lui?

— Lorsque M. le maréchal Simon arrivera, vous me le ferez savoir à l'instant, et alors... j'aviserai; car les droits d'un père ne sont sacrés qu'autant qu'il en use pour le salut de ses enfants. Avant le père, au-dessus du père, il y a le Seigneur que l'on doit d'abord servir. Ainsi, réfléchissez bien. En acceptant ce que je vous propose, ces jeunes filles sont sauvées — elles ne vous sont pas à charge — elles ne partagent pas votre misère — elles sont élevées dans une sainte maison, selon que doivent l'être après tout les filles d'un maréchal de France. — De sorte que lorsque leur père arrivera à Paris, S'IL EST DIGNE DE LES REVOIR... au lieu de trouver en elles de pauvres idolâtres, à demi sauvages, il trouvera deux jeunes filles pieuses, instruites, modestes, bien élevées, qui, étant agréables à Dieu, pourront invoquer sa miséricorde pour leur père, qui en a grand besoin, car c'est un homme de violences, de guerre et de bataille. Maintenant, décidez. Voulez-vous, au péril de votre âme, sacrifier l'avenir de ces deux jeunes filles dans ce monde et dans l'autre, à la crainte impie de la colère de votre mari?

Quoique rude et entaché d'intolérance, le langage du confesseur de Françoise était (à son point de vue à lui) raisonnable et juste, parce que ce prêtre honnête et sincère était convaincu de ce qu'il disait; aveugle instrument de Rodin, ignorant dans quel but on le faisait agir, il croyait fermement, en forçant, pour ainsi dire, Françoise à mettre ces jeunes filles au couvent, remplir un pieux devoir.

Tel était, tel est d'ailleurs un des plus merveilleux ressorts de l'*ordre* auquel appartenait Rodin; c'est d'avoir pour complices des gens honnêtes et sincères qui ignorent les machinations dont ils sont pourtant les acteurs les plus importants.

Françoise, habituée depuis long-temps à subir l'influence de son confesseur, ne trouva rien à répondre à ses dernières paroles.

Elle se résigna donc; mais elle frissonna d'épouvante en songeant à la colère désespérée qu'éprouverait Dagobert en ne retrouvant plus chez lui les enfants qu'une mère mourante lui avait confiés.

Or, selon son confesseur, plus cette colère et ces emportements paraissaient redoutables à Françoise, plus elle devait mettre de pieuse humilité à s'y exposer.

Elle répondit à son confesseur :

— Que la volonté de Dieu soit faite, mon

père, et quoi qu'il puisse m'arriver... je remplirai mon devoir de chrétienne... ainsi que vous me l'ordonnez.

— Et le Seigneur vous saura gré de ce que vous aurez peut-être à souffrir pour accomplir ce devoir méritant... Vous prenez donc, devant Dieu, l'engagement de ne répondre à aucune des questions de votre mari, lorsqu'il vous demandera où sont les filles de M. le maréchal Simon?

— Oui, mon père, je vous le promets — dit Françoise en tressaillant.

— Et vous garderez le même silence envers M. le maréchal Simon, dans le cas où il reviendrait, et où ses filles ne me paraîtraient pas encore assez solidement établies dans la bonne voie pour lui être rendues?

— Oui, mon père... — dit Françoise d'une voix de plus en plus faible.

— Vous viendrez me rendre compte d'ailleurs de la scène qui se sera passée entre votre mari et vous, lors de son retour.

— Oui, mon père; quand faudra-t-il conduire les orphelines chez vous, mon père?

— Dans une heure, je vais rentrer écrire à

la supérieure ; je laisserai la lettre à ma gouvernante ; c'est une personne sûre ; elle conduira elle-même les jeunes filles au couvent.

. . . .

Après avoir écouté les exhortations de son confesseur sur sa confession, et reçu l'absolution de ses nouveaux péchés, moyennant pénitence, la femme de Dagobert sortit du confessionnal.

L'église n'était plus déserte ; une foule immense s'y pressait, attirée par la pompe de l'enterrement dont le suisse avait parlé au bedeau deux heures auparavant.

C'est avec la plus grande peine que Françoise put arriver jusqu'à la porte de l'église, somptueusement tendue.

Quel contraste avec l'humble convoi du pauvre qui s'était le matin si timidement présenté sous le porche !

Le nombreux clergé de la paroisse, au grand complet, s'avançait alors majestueusement pour recevoir le cercueil drapé de velours : la moire et la soie des chapes et des étoles noires, leurs splendides broderies d'argent étincelaient à la lueur de mille cierges.

Le suisse se prélassait dans son éblouissante livrée à épaulettes, le bedeau, portant allègrement son bâton de baleine, lui faisait vis-à-vis d'un air magistral; la voix des chantres en surplis frais et blancs tonnait en éclats formidables; les ronflements des serpents ébranlaient les vitres; on lisait enfin sur la figure de tous ceux qui devaient prendre part à la curée de ce riche mort, de cet excellent mort, de ce mort de *première classe,* une satisfaction à la fois jubilante et contenue, qui semblait encore augmentée par l'attitude et par la physionomie des deux héritiers, grands gaillards robustes au teint fleuri, qui, sans enfreindre les lois de cette modestie charmante qui est la pudeur de la félicité, semblaient se complaire, se bercer, se dorloter dans leur lugubre et symbolique manteau de deuil.

Malgré sa candeur et sa foi naïve, la femme de Dagobert fut douloureusement frappée de cette différence révoltante entre l'accueil fait au cercueil du riche et l'accueil fait au cercueil du pauvre à la porte de la maison de Dieu; car si l'égalité est réelle, c'est devant la mort et l'éternité.

Ces deux sinistres spectacles augmentaient encore la tristesse de Françoise, qui, parvenant à grand'peine à quitter l'église, se hâta de revenir rue Brise-Miche, afin d'y prendre les orphelines et de les conduire auprès de la gouvernante de son confesseur, qui devait les mener au couvent de Sainte-Marie, situé, on le sait, tout auprès de la maison de santé du docteur Baleinier, où était renfermée Adrienne de Cardoville.

CHAPITRE XV.

MONSIEUR ET RABAT-JOIE.

La femme de Dagobert, sortant de l'église, arrivait à l'entrée de la rue *Brise-Miche*, lorsqu'elle fut accostée par le *donneux* d'eau bénite; il accourait essoufflé la prier de revenir tout de suite à Saint-Merry, l'abbé Dubois ayant à lui dire, à l'instant même, quelque chose de très-important.

Au moment où Françoise retournait sur ses pas, un fiacre s'arrêtait à la porte de la maison qu'elle habitait.

Le cocher quitta son siége et vint ouvrir la portière.

—Cocher — lui dit une assez grosse femme vêtue de noir assise dans cette voiture et qui tenait un carlin sur ses genoux — demandez si c'est là que demeure madame Françoise Baudoin...

— Oui, ma bourgeoise — dit le cocher.

On a sans doute reconnu madame Grivois, première femme de madame la princesse de Saint-Dizier, accompagnée de *Monsieur*, qui exerçait sur sa maîtresse une véritable tyrannie.

Le teinturier auquel on a déjà vu remplir les fonctions de portier, interrogé par le cocher sur la demeure de Françoise, sortit de son officine, et vint galamment à la portière pour répondre à madame Grivois, qu'en effet Françoise Baudoin demeurait dans la maison, mais qu'elle n'était pas rentrée.

Le père Loriot avait alors les bras, les mains et une partie de la figure d'un jaune-d'or superbe. La vue de ce personnage couleur d'ocre émut et irrita singulièrement *Monsieur*, car au moment où le teinturier portait sa main sur le rebord de la portière, le carlin poussa des jappements affreux et le mordit au poignet.

— Ah! grand Dieu! — s'écria madame

Grivois avec angoisse pendant que le père Loriot retirait vivement sa main — pourvu qu'il n'y ait rien de vénéneux dans la teinture que vous avez sur la main... mon chien est si délicat...

Et elle essuya soigneusement le museau camus de *Monsieur*, çà et là tacheté de jaune.

Le père Loriot, très-peu satisfait des excuses qu'il s'attendait à recevoir de madame Grivois, à propos des mauvais procédés du carlin, lui dit en contenant à peine sa colère :

— Madame, si vous n'apparteniez pas au sexe, ce qui fait que je vous respecte dans la personne de ce vilain animal, j'aurais eu le plaisir de le prendre par la queue, et d'en faire à la minute un chien jaune-orange en le trempant dans ma chaudière de teinture qui est sur le fourneau.

— Teindre mon chien en jaune !...

S'écria madame Grivois, qui, fort courroucée, descendit du fiacre en serrant tendrement *Monsieur* contre sa poitrine et toisant le père Loriot d'un regard irrité.

— Mais, madame, je vous ai dit que madame Françoise n'était pas rentrée — dit le teinturier en voyant la maîtresse du carlin se diriger vers le sombre escalier.

— C'est bon, je l'attendrai — dit sèchement madame Grivois. A quel étage demeure-t-elle?

— Au quatrième — dit le père Loriot en rentrant brusquement dans sa boutique.

Et il se dit à lui-même, souriant complaisamment à cette idée scélérate:

— J'espère bien que le grand chien du père Dagobert sera de mauvaise humeur, et qu'il fera faire en *avant-deux* par la peau du cou à ce gueux de carlin!

Madame Grivois monta péniblement le rude escalier, s'arrêtant à chaque palier pour reprendre haleine, et regardant autour d'elle avec un profond dégoût. Enfin elle atteignit le quatrième étage, s'arrêta un instant à la porte de l'humble chambre où se trouvaient alors les deux sœurs et la Mayeux.

La jeune ouvrière s'occupait à rassembler les différents objets qu'elle devait porter au Mont-de-Piété.

Rose et Blanche semblaient bien heureuses et un peu rassurées sur l'avenir; elles avaient appris de la Mayeux qu'elles pourraient, en travaillant beaucoup, puisqu'elles savaient coudre, gagner à elles deux 8 francs par semaine, petite somme qui serait du moins une ressource pour la famille.

La présence de madame Grivois chez Françoise Baudoin était motivée par une nouvelle détermination de l'abbé d'Aigrigny et de la princesse de Saint-Dizier; ils avaient trouvé plus prudent d'envoyer madame Grivois, sur laquelle ils comptaient aveuglément, chercher les jeunes filles chez Françoise, celle ci venant d'être prévenue par son confesseur que ce n'était pas à sa gouvernante, mais à une dame qui se présenterait avec un mot de lui, que les jeunes filles devaient être confiées pour être conduites dans une maison religieuse.

Après avoir frappé, la femme de confiance de la princesse de Saint-Dizier entra et demanda Françoise Baudoin.

— Elle n'y est pas, madame,

— Dit timidement la Mayeux, assez étonnée de cette visite et baissant les yeux devant le regard de cette femme.

— Alors je vais l'attendre, car j'ai à lui parler de choses très-importantes,

— Répondit madame Grivois en examinant avec autant de curiosité que d'attention la figure des deux orphelines, qui, très-interdites, baissèrent aussi les yeux.

Ce disant, madame Grivois s'assit, non sans quelque répugnance, sur le vieux fauteuil de la femme de Dagobert; croyant alors pouvoir laisser *Monsieur* en liberté, elle le déposa précieusement sur le carreau.

Mais aussitôt une sorte de grondement sourd, profond, caverneux, retentit derrière le fauteuil, fit bondir madame Grivois et pousser un jappement d'effroi au carlin, qui, frissonnant dans son embonpoint, se réfugia auprès de sa maîtresse avec tous les symptômes d'une frayeur courroucée.

— Comment! est-ce qu'il y a un chien ici?... — s'écria madame Grivois en se baissant précipitamment pour reprendre *Monsieur*.

Rabat-Joie, comme s'il eût voulu répondre lui-même à cette question, se leva lentement de derrière le fauteuil où il était couché, et apparut tout à coup bâillant et s'étirant.

A la vue de ce robuste animal et des deux rangs de formidables crocs acérés qu'il semblait complaisamment étaler en ouvrant sa large gueule, madame Grivois ne put s'empêcher de jeter un cri d'effroi; le hargneux carlin avait d'abord tremblé de tous ses membres en se trouvant en face de Rabat-Joie; mais une fois en sûreté sur les genoux de sa maîtresse, il commença de grogner insolemment et de jeter sur le chien de Sibérie les regards les plus provocants; mais le digne compagnon de feu Jovial répondit dédaigneusement par un nouveau bâillement; après quoi, flairant avec une sorte d'inquiétude les vêtements de madame Grivois, il tourna le dos à *Monsieur,* et alla s'étendre aux pieds de Rose et de Blanche, dont il ne détourna plus ses grands yeux intelligents, comme s'il eût pressenti qu'un danger les menaçait.

— Faites sortir ce chien d'ici — dit impérieusement madame Grivois; — il effarouche le mien et pourrait lui faire du mal.

— Soyez tranquille, madame — répondit Rose en souriant — Rabat-Joie n'est pas méchant quand on ne l'attaque pas.

— Il n'importe! — s'écria madame Grivois — un malheur est bientôt arrivé. Rien qu'à voir cet énorme chien avec sa tête de loup... et ses dents effroyables, on tremble du mal qu'il peut faire... Je vous dis de le faire sortir...

Madame Grivois avait prononcé ces derniers mots d'un ton irrité dont le diapason sonna mal aux oreilles de Rabat-Joie, il grogna en montrant les dents et en tournant la tête du côté de cette femme inconnue pour lui.

— Taisez-vous, *Rabat-Joie* — dit sévèrement Blanche.

Un nouveau personnage entrant dans la chambre mit un terme à cette position assez embarrassante pour les jeunes filles.

Cet homme était un commissionnaire, il tenait une lettre à la main.

— Que voulez-vous, monsieur? — lui demanda la Mayeux.

— C'est une lettre très-pressée d'un digne

homme, le mari de la bourgeoise d'ici; le teinturier d'en bas m'a dit de monter quoiqu'elle n'y soit pas.

— Une lettre de Dagobert! — s'écrièrent Rose et Blanche avec une vive expression de plaisir et de joie — il est donc de retour, et où est-il?

— Je ne sais pas si ce brave homme s'appelle Dagobert — dit le commissionnaire — mais c'est un vieux troupier décoré, à moustaches grises; il est à deux pas d'ici, au bureau des voitures de Chartres.

— C'est bien lui!... — s'écria Blanche. — Donnez la lettre...

Le commissionnaire la donna, et la jeune fille l'ouvrit en toute hâte.

Madame Grivois était foudroyée, elle savait qu'on avait éloigné Dagobert afin de pouvoir faire agir sûrement l'abbé Dubois sur Françoise; tout avait réussi; celle-ci consentait à confier les deux jeunes filles à des mains religieuses; et au même instant le soldat arrivait, lui que l'on devait croire absent de Paris pour deux ou trois jours : ainsi son brusque retour ruinait cette laborieuse machination au moment même où il ne restait qu'à en recueillir les fruits.

— Ah! mon Dieu! — dit Rose après avoir lu la lettre... — quel malheur!..

— Quoi donc, ma sœur? — s'écria Blanche.

— Hier, à moitié chemin de Chartres, Dagobert s'est aperçu qu'il avait perdu sa bourse. Il n'a pu continuer son voyage, il a pris à crédit une place pour revenir; et il demande à sa femme de lui envoyer de l'argent au bureau de la diligence, où il attend.

— C'est ça, dit le commissionnaire — car le digne homme m'a dit : — Dépêche-toi, mon garçon, car, tel que tu me vois, je suis ici en gage.

— Et rien!... rien... à la maison — dit Blanche. — Mon Dieu! comment donc faire?

A ces mots madame Grivois eut un moment d'espoir, bientôt déçu par la Mayeux, qui reprit tout à coup en montrant le paquet qu'elle arrangeait :

— Tranquillisez-vous, mesdemoiselles... voici une ressource... le bureau du Mont-de-Piété où je vais porter ceci n'est pas loin... je toucherai l'argent, et j'irai le donner tout de suite à M. Dagobert; dans une heure au plus tard, il sera ici!

— Ah! ma chère Mayeux, vous avez raison — dit Rose — que vous êtes bonne! vous songez à tout...

— Tenez — reprit Blanche — l'adresse est sur la lettre du commissionnaire, prenez-la.

— Merci, mademoiselle — répondit la Mayeux; puis elle dit au commissionnaire: — Retournez auprès de la personne qui vous envoie, et dites-lui que je serai tout à l'heure au bureau de la voiture.

— Infernale bossue! — pensait madame Grivois avec une colère concentrée — elle pense à tout; sans elle on échappait au retour inattendu de ce maudit homme... Comment faire maintenant?.. ces jeunes filles ne voudront pas me suivre avant l'arrivée de la femme du soldat;... leur proposer de les emmener auparavant, serait m'exposer à un refus et tout compromettre. Encore une fois, mon Dieu, comment faire?

— Ne soyez pas inquiète, mademoiselle — dit le commissionnaire en sortant — je vais rassurer ce digne homme et le prévenir qu'il ne restera pas long-temps en plan dans le bureau.

Pendant que la Mayeux s'occupait de nouer son paquet et d'y mettre la timbale et le couvert d'argent, madame Grivois réfléchissait profondément. Tout à coup elle tressaillit. Sa physionomie, depuis quelques instants sombre, inquiète et irritée, s'éclaircit soudainement; elle se leva, tenant toujours *Monsieur* sous son bras, et dit aux jeunes filles :

— Puisque madame Françoise ne revient pas, je vais faire une visite tout près d'ici, je serai de retour à l'instant ; veuillez l'en prévenir.

Ce disant, madame Grivois sortit quelques minutes avant la Mayeux.

CHAPITRE XVI.

LES APPARENCES.

Après avoir encore rassuré les deux orphelines, la Mayeux descendit à son tour, non sans peine, car elle était montée chez elle, afin d'ajouter au paquet, déjà lourd, une couverture de laine, la seule qu'elle possédât et qui la garantissait un peu du froid dans son taudis glacé.

La veille, accablée d'angoisses sur le sort d'Agricol, la jeune fille n'avait pu travailler; les tourments de l'attente, de l'espoir et de l'inquiétude l'en avaient empêchée; sa journée allait encore être perdue, et pourtant il fallait vivre.

Les chagrins accablants qui brisent chez le pauvre jusqu'à la faculté du travail sont doublement terribles ; ils paralysent ses forces, et, avec ce chômage imposé par la douleur, arrivent le dénûment, la détresse.

Mais la Mayeux, ce type complet et touchant *du devoir évangélique*, avait encore à se dévouer, à être utile, et elle en trouvait la force. Les créatures les plus frêles, les plus chétives, sont parfois douées d'une vigueur d'âme extraordinaire; on dirait que chez ces organisations physiquement infirmes et débiles, l'esprit domine assez le corps pour lui imprimer une énergie factice.

Ainsi la Mayeux, depuis vingt-quatre heures, n'avait ni mangé ni dormi; elle avait souffert du froid pendant une nuit glacée. Le matin elle avait enduré de violentes fatigues en traversant Paris deux fois par la pluie et par la neige, pour aller rue de Babylone, et pourtant ses forces n'étaient pas à bout, tant la puissance du cœur est immense.

La Mayeux venait d'arriver au coin de la rue Saint-Merry.

Depuis le récent complot de la rue des

Prouvaires, on avait mis en observation dans ce quartier populeux un plus grand nombre d'agents de police et de sergents de ville que l'on n'en met ordinairement.

La jeune ouvrière, bien qu'elle courbât sous le poids de son paquet, courait presque en longeant le trottoir ; au moment où elle passait auprès d'un sergent de ville, deux pièces de 5 francs tombèrent derrière elle jetées sur ses pas par une grosse femme vêtue de noir qui la suivait.

Aussitôt cette grosse femme fit remarquer au sergent de ville les deux pièces d'argent qui venaient de tomber, et lui dit vivement quelques mots en lui désignant la Mayeux.

Puis cette femme disparut à grands pas du côté de la rue Brise-Miche.

Le sergent de ville, frappé de ce que madame Grivois venait de lui dire (car c'était elle), ramassa l'argent, et, courant après la Mayeux, lui cria :

— Eh ! dites donc... là-bas... arrêtez... arrêtez... la femme !..

A ces cris plusieurs personnes se retournèrent brusquement ; dans ces quartiers un noyau de cinq ou six personnes attroupées s'augmente en une seconde et devient bientôt un rassemblement considérable.

Ignorant que les injonctions du sergent de ville lui fussent adressées, la Mayeux hâtait le pas, ne songeant qu'à arriver le plus tôt possible au Mont-de-piété, et tâchant de se glisser entre les passants sans heurter personne, tant elle redoutait les railleries brutales ou cruelles que son infirmité provoquait si souvent.

Tout à coup, elle entendit plusieurs personnes courir derrière elle, et au même instant, une main s'appuya rudement sur son épaule.

C'était le sergent de ville, suivi d'un agent de police, qui accourait au bruit.

La Mayeux, aussi surprise qu'effrayée, se retourna.

Elle se trouvait déjà au milieu d'un rassemblement, composé surtout de cette hideuse populace oisive et déguenillée, mauvaise et effrontée, abrutie par l'ignorance, par la misère, et qui bat incessamment le pavé des rues. Dans cette tourbe, on ne rencontre

LES APPARENCES.

presque jamais d'artisans, car les ouvriers laborieux sont à leur atelier ou à leurs travaux.

— Ah çà !.. tu n'entends donc pas... tu fais comme le chien de Jean de Nivelle,

Dit l'agent de police en prenant la Mayeux si rudement par le bras qu'elle laissa tomber son paquet à ses pieds.

Lorsque la malheureuse enfant, jetant avec crainte les yeux autour d'elle, se vit le point de mire de tous ces regards insolents, moqueurs ou méchants, lorsqu'elle vit le cynisme ou la grossièreté grimacer sur toutes ces figures ignobles, crapuleuses, elle frémit de tous ses membres et devint d'une pâleur effrayante.

L'agent de police lui parlait sans doute grossièrement ; mais comment parler autrement à une pauvre fille contrefaite, pâle, effarée, aux traits altérés par la frayeur et par le chagrin, à une créature vêtue plus que misérablement, qui porte en hiver une mauvaise robe de toile souillée de boue, trempée de neige fondue, car l'ouvrière avait été bien loin et avait marché bien long-temps ;... aussi l'agent de police reprit-il sévèrement, toujours de par cette loi suprême des apparences, qui fait que la pauvreté est toujours suspectée.

— Un instant... la fille, il paraît que tu es bien pressée, puisque tu laisses tomber ton argent sans le ramasser...

— Elle l'avait donc caché dans sa bosse, son argent — dit d'une voix enrouée un marchand d'allumettes chimiques, type hideux et repoussant de la dépravation précoce.

Cette plaisanterie fut accueillie par des rires, des cris et des huées qui portèrent au comble le trouble, la terreur de la Mayeux ; à peine put-elle répondre d'une voix faible à l'agent de police qui lui présentait les deux pièces d'argent que le sergent de ville lui avait remises.

— Mais, monsieur... cet argent n'est pas à moi.

— Vous mentez, reprit le sergent de ville en s'approchant — une dame respectable l'a vu tomber de votre poche...

— Monsieur... je vous assure que non... — répondit la Mayeux toute tremblante.

— Je vous dis que vous mentez — reprit le

sergent — même que cette dame, frappée de votre air criminel et effarouché, m'a dit en vous montrant : Regardez donc cette petite bossue qui se sauve avec un gros paquet, et qui laisse tomber de l'argent sans le ramasser... ce n'est pas naturel.

— Sergent — reprit de sa voix enrouée le marchand d'allumettes chimiques — sergent, défiez-vous... tâtez-y donc sa bosse, c'est là son magasin... Je suis sûr qu'elle y cache encore des bottes, des manteaux, un parapluie et des pendules... Je viens d'entendre sonner l'heure dans son dos, à c'te bombée.

Nouveaux rires, nouvelles huées, nouveaux cris, car cette horrible populace est presque toujours d'une impitoyable férocité pour ce qui souffre et implore. Le rassemblement augmentait de plus en plus : c'étaient des cris rauques, des sifflets perçants, des plaisanteries de carrefour.

— Laissez donc voir, c'est gratis.

— Ne poussez donc pas, j'ai payé ma place.

— Faites-la donc monter sur quelque chose, la femme... qu'on la voie.

— C'est vrai, on m'écrase les pieds ; je n'aurai pas fait mes frais.

— Montrez-la donc ! ou rendez l'argent du monde.

— J'en veux...

— Donnez-nous-en, de la *renflée !*

— Qu'on la voie à mort !

Qu'on se figure cette malheureuse créature d'un esprit si délicat, d'un cœur si bon, d'une âme si élevée, d'un caractère si timide et si craintif... obligée d'entendre ces grossièretés et ces hurlements... seule au milieu de cette foule, dans l'étroit espace où elle se tenait avec l'agent de police et le sergent de ville.

Et pourtant la jeune ouvrière ne comprenait pas encore de quelle horrible accusation elle était victime.

Elle l'apprit bientôt, car l'agent de police, saisissant le paquet qu'elle avait ramassé, et qu'elle tenait entre ses deux mains tremblantes, lui dit rudement :

— Qu'est-ce que tu as là-dedans ?...

— Monsieur... c'est... je vais... je...

Et, dans son épouvante, l'infortunée balbutiait, ne pouvant trouver une parole.

— Voilà tout ce que tu as à répondre — dit l'agent; — il n'y a pas gras... Voyons, dépêche-toi... ouvre-lui le ventre, à ton paquet!

Et ce disant, l'agent de police, aidé du sergent de ville, arracha le paquet, l'entr'ouvrit, et dit, à mesure qu'il énumérait les objets qu'il renfermait :

— Diable! des draps... un couvert... une timbale d'argent... un châle... une couverture de laine... merci... le coup n'était pas mauvais. Tu es mise comme une chiffonnière et tu as de l'argenterie... Excusez du peu!

— Ces objets-là ne vous appartiennent pas — dit le sergent de ville.

— Non... monsieur... — répondit la Mayeux, qui sentait ses forces l'abandonner — mais je...

— Ah! mauvaise bossue, tu voles plus gros que toi!

— J'ai volé!! — s'écria la Mayeux en joignant les mains avec horreur, car elle comprenait tout alors... — moi... voler!

— La garde!... Voilà la garde!

Crièrent plusieurs personnes...

— Oh hé! les pousse-cailloux!

— Les tourlourous!

— Les mangeurs de Bédouins!

— Place au 43ᵉ dromadaire !

— Régiment où on se fait des bosses à mort!

Au milieu de ces cris, de ces quolibets, deux soldats et un caporal s'avançaient à grand'peine; on voyait seulement au milieu de cette foule hideuse et compacte luire les baïonnettes et les canons de fusil.

Un officieux était allé prévenir le commandant du poste voisin de ce rassemblement considérable, qui obstruait la voie publique.

— Allons, voilà la garde, marche au poste — dit l'agent de police en prenant la Mayeux par le bras.

— Monsieur — dit la pauvre enfant d'une voix étouffée par les sanglots, en joignant les mains avec terreur et en tombant à genoux sur le trottoir. — Monsieur, grâce ! Laissez-moi vous dire... vous expliquer...

— Tu t'expliqueras au poste... marche!

— Mais, monsieur... je n'ai pas volé... —

s'écria la Mayeux avec un accent déchirant — ayez pitié de moi; devant toute cette foule... m'emmener comme une voleuse... Oh! grâce! grâce!

— Je te dis que tu t'expliqueras au poste. La rue est encombrée... marcheras-tu, voyons!

Et prenant la malheureuse par les deux mains, il la remit pour ainsi dire sur pied.

A cet instant le caporal et ses deux soldats, étant parvenus à traverser le rassemblement, s'approchèrent du sergent de ville.

— Caporal — dit ce dernier — conduisez cette fille au poste... je suis agent de police.

— Oh! messieurs... grâce!... — dit la Mayeux en pleurant à chaudes larmes et en joignant les mains — ne m'emmenez pas avant de m'avoir laissé vous expliquer... je n'ai pas volé, mon Dieu! je n'ai pas volé... je vais vous dire... c'est pour rendre service à quelqu'un... laissez-moi vous dire...

— Je vous dis que vous vous expliquerez au poste; si vous ne voulez pas marcher, on va vous traîner — dit le sergent de ville.

Il faut renoncer à peindre cette scène à la fois ignoble et terrible...

Faible, abattue, épouvantée, la malheureuse jeune fille fut entraînée par les soldats; à chaque pas ses jambes fléchissaient; il fallut que le sergent et l'agent de police lui donnassent le bras pour la soutenir... et elle accepta machinalement cet appui.

Alors les vociférations, les huées, éclatèrent avec une nouvelle furie.

Marchant défaillante entre ces deux hommes, l'infortunée semblait gravir son Calvaire jusqu'au bout.

Sous ce ciel brumeux, au milieu de cette rue fangeuse encadrée dans de grandes maisons noires, cette populace hideuse et fourmillante rappelait les plus sauvages élucubrations de Callot ou de Goya; des enfants en haillons, des femmes avinées, des hommes à figure sinistre et flétrie, se poussaient, se heurtaient, se battaient, s'écrasaient pour suivre en hurlant et en sifflant cette victime déjà presque inanimée, cette victime d'une détestable méprise.

D'une méprise!! en vérité, l'on frémit en songeant que de pareilles arrestations, suites de déplorables erreurs, peuvent se renouveler souvent sans d'autres raisons que le soupçon qu'inspire l'apparence de la misère, ou sans d'autre cause qu'un renseignement inexact...

Nous nous souviendrons toujours de cette jeune fille qui, arrêtée à tort, comme coupable d'un honteux trafic, trouva le moyen d'échapper aux gens qui la conduisaient, monta dans une maison, et, égarée par le désespoir, se précipita par une fenêtre et se brisa la tête sur le pavé...

. . . .

Après l'abominable dénonciation dont la Mayeux était victime, madame Grivois était retournée précipitamment *rue Brise-Miche.*

Elle monta en hâte les quatre étages... ouvrit la porte de la chambre de Françoise... que vit-elle? Dagobert auprès de sa femme et des deux orphelines...

CHAPITRE XVII.

LE COUVENT.

Expliquons en deux mots la présence de Dagobert.

Sa physionomie était empreinte de tant de loyauté militaire, que le directeur du bureau de diligence se fût contenté de sa parole, de revenir payer le prix de sa place; mais le soldat avait obstinément voulu rester *en gage* comme il le disait, jusqu'à ce que sa femme eût répondu à sa lettre; aussi, au retour du commissionnaire, qui annonça qu'on allait apporter l'argent nécessaire, Dagobert, croyant sa délicatesse à couvert, se hâta de courir chez lui.

On comprend donc la stupeur de madame

Grivois, lorsqu'en entrant dans la chambre, elle vit Dagobert (qu'elle reconnut facilement au portrait qu'on lui en avait fait) auprès de sa femme et des orphelines.

L'anxiété de Françoise à l'aspect de madame Grivois ne fut pas moins profonde.

Rose et Blanche avaient parlé à la femme de Dagobert d'une dame venue en son absence pour une affaire très-importante; d'ailleurs, instruite par son confesseur, Françoise ne pouvait douter que cette femme ne fût la personne chargée de conduire Rose et Blanche dans une maison religieuse.

Son angoisse était terrible; bien décidée à suivre les conseils de l'abbé Dubois, elle craignait qu'un mot de madame Grivois ne mît Dagobert sur la voie; alors tout espoir était perdu; alors les orphelines restaient dans cet état d'ignorance et de péché mortel dont elle se croyait responsable.

Dagobert, qui tenait entre ses mains les mains de Rose et de Blanche, se leva dès que la femme de confiance de madame de Saint-Dizier entra et sembla interroger Françoise du regard.

Le moment était critique, décisif; mais madame Grivois avait profité des exemples de la princesse de Saint-Dizier; aussi prenant résolument son parti, mettant à profit la précipitation avec laquelle elle avait monté les quatre étages après son odieuse dénonciation contre la Mayeux, et l'émotion que lui causait la vue si inattendue de Dagobert, donnant à ses traits une vive expression d'inquiétude et de chagrin, elle s'écria d'une voix altérée, après un moment de silence qu'elle parut employer à calmer son agitation et à rassembler ses esprits :

— Ah! madame... je viens d'être témoin d'un grand malheur... excusez mon trouble;... mais en vérité... je suis si cruellement émue...

— Qu'y a-t-il, mon Dieu? — dit Françoise d'une voix tremblante, redoutant toujours quelque indiscrétion de madame Grivois.

— J'étais venue tout à l'heure — reprit celle-ci — pour vous parler d'une chose importante;... pendant que je vous attendais, une jeune ouvrière contrefaite a réuni divers objets dans un paquet...

— Oui... sans doute — dit Françoise — c'est la Mayeux... une excellente et digne créature...

— Je m'en doutais bien, madame; voici ce qui est arrivé : voyant que vous ne rentriez pas, je me décide à faire une course dans le voisinage... je descends... j'arrive rue Saint-Merry... ah! madame...

— Eh bien? — dit Dagobert — qu'y a-t-il?

— J'aperçois un rassemblement... je m'informe... on me dit qu'un sergent de ville venait d'arrêter une jeune fille comme voleuse, parce qu'on l'avait surprise emportant un paquet composé de différents objets qui ne paraissaient pas devoir lui appartenir... Je m'approche... que vois-je?.. la jeune ouvrière qu'un instant auparavant je venais de rencontrer ici...

— Ah! la pauvre enfant! — s'écria Françoise en pâlissant et en joignant les mains avec effroi — quel malheur!

— Explique-toi donc! — dit Dagobert à sa femme — quel était ce paquet?

— Eh bien! mon ami, il faut te l'avouer : me trouvant un peu à court... j'avais prié cette pauvre Mayeux de porter tout de suite au Mont-de-Piété différents objets dont nous n'avions pas besoin...

— Et on a cru qu'elle les avait volés! — s'écria Dagobert — elle... la plus honnête fille du monde; c'est affreux... Mais, madame, vous auriez dû intervenir... dire que vous la connaissiez.

— C'est ce que j'ai tâché de faire, monsieur; malheureusement je n'ai pas été écoutée... La foule augmentait à chaque instant : la garde est arrivée, et on l'a emmenée...

— Elle est capable d'en mourir, sensible et timide comme elle est — s'écria Françoise.

— Ah! mon Dieu!.. cette bonne Mayeux... elle si douce et si prévenante! — dit Blanche en tournant vers sa sœur des yeux humides de larmes.

— Ne pouvant rien pour elle — reprit madame Grivois — je me suis hâtée d'accourir ici vous faire part de cette erreur... qui, du reste, peut se réparer;... il s'agit seulement d'aller, le plus tôt possible, réclamer cette jeune fille.

A ces mots Dagobert prit vivement son chapeau, et s'adressant à madame Grivois d'un ton brusque :

— Mordieu! madame, vous auriez dû commencer par nous dire cela... Où est cette pauvre enfant? Le savez-vous?

— Je l'ignore, monsieur; mais il reste encore dans la rue tant de monde, tant d'agitation, que si vous avez la complaisance de descendre tout de suite vous informer... vous pourrez savoir...

— Que diable parlez-vous de complaisance, madame!.... mais c'est mon devoir. Pauvre enfant — dit Dagobert — arrêtée comme voleuse.... c'est horrible.... Je vais aller chez le commissaire de police du quartier ou au corps-de-garde, et il faudra bien que je la retrouve, qu'on me la rende et que je la ramène ici.

Ce disant, Dagobert sortit précipitamment.

Françoise, rassurée sur le sort de la Mayeux, remercia le Seigneur d'avoir, grâce à cette circonstance, éloigné son mari, dont la présence en ce moment était pour elle un si terrible embarras.

Madame Grivois avait déposé *Monsieur* dans le fiacre avant de remonter, car les moments étaient précieux; lançant un regard significatif à Françoise en lui remettant la lettre de l'abbé Dubois, elle lui dit en appuyant sur chaque mot avec intention :

— Vous verrez dans cette lettre, madame, quel était le but de ma visite que je n'ai pu encore vous expliquer, et dont je me félicite, du reste, puisqu'il me met en rapport avec ces deux charmantes demoiselles.

Rose et Blanche se regardèrent toutes surprises.

Françoise prit la lettre en tremblant; il fallut les pressantes et surtout les menaçantes injonctions de son confesseur pour vaincre les derniers scrupules de la pauvre femme, car elle frémissait en songeant au terrible courroux de Dagobert; seulement, dans sa candeur, elle ne savait comment s'y prendre pour annoncer aux jeunes filles qu'elles devaient suivre cette dame.

Madame Grivois devina son embarras, lui fit signe de se rassurer, et dit à Rose, pendant que Françoise lisait la lettre de son confesseur :

— Combien votre parente va être heureuse de vous voir, ma chère demoiselle !

— Notre parente, madame ? — dit Rose de plus en plus étonnée.

— Mais certainement; elle a su votre arrivée ici ; mais comme elle est encore souffrante d'une assez longue maladie, elle n'a pu venir elle-même aujourd'hui et m'a chargée de venir vous prendre pour vous conduire auprès d'elle... Malheureusement — ajouta madame Grivois remarquant un mouvement des deux sœurs—ainsi qu'elle le dit dans sa lettre à madame Françoise, vous ne pourrez la voir que bien peu de temps, et dans une heure vous serez de retour ici ; mais demain ou après, elle sera en état de sortir et de venir s'entendre avec madame et son mari, afin de vous emmener chez elle... car elle serait désolée que vous fussiez à charge à des personnes qui ont été si bonnes pour vous.

Ces derniers mots de madame Grivois firent une excellente impression sur les deux sœurs; ils dissipèrent leur crainte d'être désormais l'occasion d'une gêne cruelle pour la famille de Dagobert. S'il s'était agi de quitter tout à fait la maison de la rue Brise-Miche sans l'assentiment de leur ami, elles auraient sans doute hésité; mais madame Grivois parlait seulement d'une visite d'une heure. Elles ne conçurent donc aucun soupçon; et Rose dit à Françoise :

— Nous pouvons aller voir notre parente sans attendre le retour de Dagobert pour l'en prévenir, n'est-ce pas, madame?

— Sans doute — dit Françoise d'une voix faible — puisque vous serez de retour ici tout à l'heure.

— Maintenant, madame, je prierai ces chères demoiselles de vouloir bien m'accompagner le plus tôt possible, car je voudrais les ramener ici avant midi.

— Nous sommes prêtes, madame — dit Rose.

— Eh bien, mesdemoiselles, embrassez votre seconde mère, et venez — dit madame Grivois, qui contenait à peine son inquiétude, tremblant que Dagobert n'arrivât d'un moment à l'autre.

Rose et Blanche embrassèrent Françoise, qui serrant entre ses bras les deux charmantes et innocentes créatures qu'elle livrait, eut peine à retenir ses larmes, quoiqu'elle eût la conviction profonde d'agir pour leur salut.

— Allons, mesdemoiselles — dit madame Grivois d'un ton affable — dépêchons-nous; pardonnez mon impatience, mais c'est au nom de votre parente que je vous parle.

Les deux sœurs, après avoir tendrement embrassé la femme de Dagobert, quittèrent la chambre et, se tenant par la main, descendirent l'escalier derrière madame Grivois, suivies à leur insu par Rabat-Joie qui marchait discrètement sur leurs pas, car, en l'absence de Dagobert, l'intelligent animal ne les quittait jamais.

Pour plus de précaution, sans doute, la femme de confiance de madame de Saint-Dizier avait ordonné à son fiacre d'aller l'attendre à peu de distance de la rue Brise-Miche, sur la petite place du cloître.

En quelques secondes, les orphelines et leur conductrice atteignirent la voiture.

— Ah, bourgeoise — dit le cocher en ouvrant la portière — sans vous commander, vous avez un gredin de chien qui n'est pas caressant tous les jours; depuis que vous l'avez mis dans ma voiture, il crie comme un brûlé, et il a l'air de vouloir tout dévorer !

En effet, *Monsieur*, qui détestait la solitude, poussait des gémissements déplorables.

— Taisez-vous, *Monsieur*, me voici — dit madame Grivois; puis, s'adressant aux deux sœurs : — Donnez-vous la peine de monter, mesdemoiselles.

Rose et Blanche montèrent.

Madame Grivois, avant d'entrer dans la voiture, donnait tout bas au cocher l'adresse du couvent de Sainte-Marie, en ajoutant d'autres instructions, lorsque tout à coup le carlin qui avait déjà grogné d'un air hargneux lorsque les deux sœurs avaient pris place dans la voiture, se mit à japper avec furie...

La cause de cette colère était simple; Rabat-

Joie, jusqu'alors inaperçu, venait de s'élancer d'un bond dans le fiacre.

Le carlin, exaspéré de cette audace, oubliant sa prudence habituelle, emporté par la colère et par la méchanceté, sauta au museau de Rabat-Joie et le mordit si cruellement, que de son côté le brave chien de Sibérie, exaspéré par la douleur, se jeta sur *Monsieur*, le prit à la gorge, et en deux coups de sa gueule puissante, l'étrangla net... ainsi qu'il apparut à un gémissement étouffé du carlin déjà à demi suffoqué par l'embonpoint.

Tout ceci s'était passé en moins de temps qu'il n'en faut pour l'écrire, car c'est à peine si Rose et Blanche effrayées avaient eu le temps de s'écrier par deux fois :

— Ici, Rabat-Joie!

— Ah! grand Dieu! — dit madame Grivois en se retournant au bruit — encore ce monstre de chien... Il va blesser *Monsieur*... Mesdemoiselles, renvoyez-le... faites-le descendre... il est impossible de l'emmener...

Ignorant à quel point Rabat-Joie était criminel, car *Monsieur* gisait inanimé sous une banquette, les jeunes filles sentant d'ailleurs qu'il n'était pas convenable de se faire accompagner de ce chien, lui dirent, en le poussant légèrement du pied, et d'un ton fâché :

—Descendez, Rabat-joie... allez-vous-en...

Le fidèle animal hésita d'abord à obéir. Triste et suppliant, il regardait les orphelines d'un air de doux reproche, comme pour les blâmer de renvoyer leur seul défenseur. Mais à un nouvel ordre sévèrement donné par Blanche, Rabat-Joie descendit, la queue basse, du fiacre, sentant peut-être d'ailleurs qu'il s'était montré quelque peu *cassant* à l'endroit de *Monsieur*.

Madame Grivois, très-empressée de quitter le quartier, monta précipitamment dans la voiture; le cocher referma la portière, grimpa sur son siége; le fiacre partit rapidement, pendant que madame Grivois baissait prudemment les stores, de peur d'une rencontre avec Dagobert.

Ces indispensables précautions prises, elle put songer à *Monsieur*, qu'elle aimait tendrement, de cette affection profonde, exagérée, que les gens d'un méchant naturel ont quelquefois pour les animaux, car on dirait qu'ils épanchent et concentrent sur eux toute l'affection qu'ils devraient avoir pour autrui ; en un mot, madame Grivois s'était passionnément attachée à ce chien hargneux, lâche et méchant, peut-être à cause d'une secrète affinité pour ses défauts ; cet attachement durait depuis six ans et semblait augmenter à mesure que l'âge de *Monsieur* avançait.

Nous insistons sur une chose en apparence puérile, parce que souvent les plus petites causes ont des effets désastreux, parce qu'enfin nous désirons faire comprendre au lecteur quels devaient être le désespoir, la fureur, l'exaspération de cette femme en apprenant la mort de son chien ; désespoir, fureur, exaspération dont les orphelines pouvaient ressentir les effets cruels.

Le fiacre roulait rapidement depuis quelques secondes, lorsque madame Grivois, qui s'était placée sur le devant de la voiture, appela *Monsieur*.

Monsieur avait d'excellentes raisons pour ne pas répondre.

— Eh bien ! vilain boudeur... — dit gracieusement madame Grivois. — Vous me battez froid ;... ce n'est pas ma faute si ce grand vilain chien est entré dans la voiture, n'est-ce pas, mesdemoiselles?.. Voyons... venez ici baiser votre maîtresse tout de suite, et faisons la paix... mauvaise tête.

Même silence obstiné de la part de *Monsieur*.

Rose et Blanche commencèrent de se regarder avec inquiétude, elles connaissaient les manières un peu brutales de Rabat-Joie, mais elles étaient loin pourtant de se douter de la chose.

Madame Grivois, plus surprise qu'inquiète de la persistance du carlin à méconnaître ses affectueux appels, se baissa afin de le prendre sous la banquette où elle le croyait sournoisement tapi ; elle sentit une patte, qu'elle tira assez impatiemment à soi en disant d'un ton moitié plaisant, moitié fâché :

— Allons, bon sujet... vous allez donner à ces chères demoiselles une jolie idée de votre odieux caractère...

Ce disant, elle prit le carlin, fort étonnée de la nonchalante *morbidezza* de ses mouvements; mais quel fut son effroi lorsque l'ayant mis sur ses genoux, elle le vit sans mouvement !

— Une apoplexie!! — s'écria-t-elle — le malheureux mangeait trop... j'en étais sûre.

Puis se retournant avec vivacité :

— Cocher, arrêtez... arrêtez ! — s'écria madame Grivois sans songer que le cocher ne pouvait l'entendre; puis soulevant la tête de *Monsieur*, croyant qu'il n'était qu'*évanoui*, elle aperçut avec horreur la trace saignante de cinq à six profonds coups de crocs qui ne pouvaient lui laisser aucun doute sur la cause de la fin déplorable du carlin.

Son premier mouvement fut tout à la douleur, au désespoir.

— Mort!.. — s'écria-t-elle — mort!.. il est déjà froid!.. Mort!.. ah! mon Dieu!..

Et cette femme pleura.

Les larmes d'un méchant sont sinistres;... pour qu'un méchant pleure, il faut qu'il souffre beaucoup... et chez lui la réaction de la souffrance, au lieu de détendre, d'amollir l'âme, l'enflamme d'un dangereux courroux...

Aussi, après avoir cédé à ce pénible attendrissement, la maîtresse de *Monsieur* se sentit transportée de colère et de haine... oui, de haine... et de haine violente contre les jeunes filles, cause involontaire de la mort de son chien : sa physionomie dure trahit d'ailleurs si franchement ses ressentiments que Blanche et Rose furent effrayées de l'expression de sa figure empourprée par la colère, lorsqu'elle s'écria d'une voix altérée en leur jetant un regard furieux :

— C'est votre chien qui l'a tué, pourtant...

— Pardon, madame, ne nous en voulez pas ! — s'écria Rose.

— C'est votre chien qui, le premier, a mordu Rabat-Joie — reprit Blanche d'une voix plaintive.

L'expression d'effroi qui se lisait sur les traits des orphelines, rappela madame Grivois à elle-même. Elle comprit les funestes conséquences que pouvait avoir son imprudente colère; dans l'intérêt même de sa vengeance, elle devait se contraindre, afin de n'inspirer aucune défiance aux filles du maréchal Simon; ne voulant donc pas paraître revenir sur sa première impression par une transition trop brusque, elle continua pendant quelques minutes de jeter sur les jeunes filles des regards irrités; puis, peu à peu, son courroux sembla s'affaiblir et faire place à une douleur amère; enfin madame Grivois, cachant sa figure dans ses mains, fit entendre un long soupir et parut pleurer beaucoup.

— Pauvre dame! — dit tout bas Rose à Blanche — elle pleure, elle aimait sans doute son chien autant que nous aimons Rabat-Joie...

— Hélas! oui — dit Blanche — nous avons bien pleuré aussi quand notre vieux Jovial est mort...

Madame Grivois releva la tête au bout de quelques minutes, essuya définitivement ses yeux et dit d'une voix émue presque affectueuse :

— Excusez-moi, mesdemoiselles... je n'ai pu retenir un premier mouvement de vivacité ou plutôt de violent chagrin... car j'étais tendrement attachée à ce pauvre chien... qui depuis six ans ne m'a pas quittée.

— Nous regrettons ce malheur, madame

— reprit Rose — tout notre chagrin, c'est qu'il ne soit pas réparable...

— Je disais tout à l'heure à ma sœur que nous étions d'autant plus affligées pour vous, que nous avions un vieux cheval qui nous a amenées de Sibérie et que nous avons aussi bien pleuré.

— Enfin, mes chères demoiselles.... n'y pensons plus... c'est ma faute... je n'aurais pas dû l'emmener... Mais il était si triste loin de moi... Vous concevez ces faiblesses-là... quand on a bon cœur, on a bon cœur pour les bêtes comme pour les gens... Aussi c'est à votre sensibilité que je m'adresse pour être pardonnée de ma vivacité.

— Mais nous n'y pensons plus, madame... tout notre chagrin est de vous voir si désolée.

— Cela passera, mes chères demoiselles... cela passera, et l'aspect de la joie que votre parente éprouvera en vous voyant, m'aidera à me consoler : elle va être si heureuse !.. vous êtes si charmantes !.. et puis cette singularité de vous ressembler autant entre vous semble encore ajouter à l'intérêt que vous inspirez.

— Vous nous jugez avec trop d'indulgence, madame.

— Non, certainement... et je suis sûre que vous vous ressemblez autant de caractère que de figure.

— C'est tout simple, madame — dit Rose — depuis notre naissance nous ne nous sommes jamais quittées d'une minute, ni pendant le jour, ni pendant la nuit... Comment notre caractère ne serait-il pas pareil?

— Vraiment! mes chères demoiselles... vous ne vous êtes jamais quittées d'une minute?

— Jamais, madame.

Et les deux sœurs, se serrant la main, échangèrent un ineffable sourire.

— Alors, mon Dieu! combien vous seriez malheureuses et à plaindre si vous étiez séparées l'une de l'autre!

— Oh! c'est impossible, madame — dit Blanche en souriant.

— Comment! impossible?

— Qui aurait le cœur de nous séparer?

— Sans doute, chères demoiselles; il faudrait avoir bien de la méchanceté.

— Oh! madame — reprit Blanche en souriant à son tour — même des gens très-méchants... ne pourraient pas nous séparer.

— Tant mieux, mes chères petites demoiselles; mais pourquoi?

— Parce que cela nous ferait trop de chagrin.

— Cela nous ferait mourir...

— Pauvres petites...

— Il y a trois mois on nous a emprisonnées. Eh bien! quand il nous a vues, le gouverneur de la prison, qui avait pourtant l'air très-dur, a dit : Ce serait vouloir la mort de ces enfants que de les séparer... Aussi nous sommes restées ensemble et nous nous sommes trouvées aussi heureuses qu'on peut l'être en prison.

— Cela fait l'éloge de votre excellent cœur, et aussi des personnes qui ont compris tout le bonheur que vous aviez d'être réunies.

La voiture s'arrêta.

On entendit le cocher crier : La porte, s'il vous plaît.

— Ah! nous voici arrivées chez votre chère parente — dit madame Grivois.

Les deux battants d'une porte s'ouvrirent, et le fiacre roula bientôt sur le sable d'une cour.

Madame Grivois ayant levé un des stores, on vit une vaste cour coupée dans sa largeur par une haute muraille, au milieu de laquelle était une sorte de porche formant avant-corps et soutenu par des colonnes de plâtre. Sous ce porche était une petite porte.

Au delà du mur, on voyait le faîte et le fronton d'un très-grand bâtiment construit en pierres de taille; comparée à la maison de la rue Brise-Miche, cette demeure semblait un palais; aussi Blanche dit à madame Grivois, avec une expression de naïve admiration :

— Mon Dieu! madame, quelle belle habitation!

— Ce n'est rien, vous allez voir l'intérieur... c'est bien autre chose! — répondit madame Grivois.

Le cocher ouvrit la portière; quelle fut la colère de madame Grivois et la surprise des deux jeunes filles... à la vue de Rabat-Joie qui avait intelligemment suivi la voiture, et qui, les oreilles droites, la queue frétillante, semblait, le malheureux, avoir oublié ses crimes et s'attendre à être loué de son intelligente fidélité.

— Comment! — s'écria madame Grivois, dont toutes les douleurs se renouvelèrent — cet abominable chien a suivi la voiture.

— Fameux chien, tout de même, bourgeoise — répondit le cocher — il n'a pas quitté mes chevaux d'un pas... faut qu'il ait été dressé à cela... c'est une crâne bête, à qui deux hommes ne feraient pas peur... Quel poitrail!

La maîtresse de feu *Monsieur*, irritée des éloges peu opportuns que le cocher prodiguait à Rabat-Joie, dit aux orphelines :

— Je vais vous faire conduire chez votre parente, attendez un instant dans le fiacre.

Madame Grivois alla d'un pas rapide vers le petit porche et y sonna.

Une femme vêtue d'un costume religieux y parut, et s'inclina respectueusement devant madame Grivois qui lui dit ces seuls mots :

— Voici les deux jeunes filles; les ordres de M. l'abbé d'Aigrigny et de la princesse sont qu'elles soient à l'instant et désormais séparées l'une de l'autre et mises en cellule — sévère... vous entendez, ma sœur? en *cellule sévère* et au régime des *impénitentes.*

— Je vais en prévenir notre mère, et ce sera fait — dit la religieuse en s'inclinant.

— Voulez-vous venir, mes chères demoiselles? — reprit madame Grivois aux deux jeunes filles qui avaient à la dérobée fait quelques caresses à Rabat-Joie, tant elles étaient touchées de son instinct — on va vous conduire auprès de madame votre parente, et je reviendrai vous prendre dans une demi-heure; cocher, retenez bien le chien.

Rose et Blanche qui, en descendant de voiture, s'étaient occupées de Rabat-Joie, n'avaient pas remarqué la sœur tourière qui s'était du reste à demi effacée derrière la petite porte.

Aussi les deux sœurs ne s'aperçurent-elles que leur prétendue introductrice était vêtue en religieuse, que lorsque celle-ci, les prenant par la main, leur fit franchir le seuil de la porte, qui, un instant après, se referma sur elles.

Lorsque madame Grivois eut vu les orphelines renfermées dans le couvent, elle dit au cocher de sortir de la cour et d'aller l'attendre à la porte extérieure.

Le cocher obéit.

Rabat-Joie, qui avait vu Rose et Blanche entrer par la petite porte du porche, y courut.

Madame Grivois dit alors au portier de l'enceinte extérieure, grand homme robuste :

— Il y a dix francs pour vous, Nicolas, si vous assommez devant moi ce gros chien... qui est là... accroupi sous le porche...

Nicolas hocha la tête en contemplant la carrure et la taille de Rabat-Joie, et répondit :

— Diable! madame, assommer un chien de cette taille... ça n'est déjà pas si commode.

— Je vous donne vingt francs, là... mais tuez-le... là... devant moi...

— Il faudrait un fusil... Je n'ai là qu'un merlin de fer...

— Cela suffira... d'un coup... vous l'abattrez.

— Enfin, madame... je vas toujours essayer... mais j'en doute...

Et Nicolas alla chercher sa masse de fer.

— Oh! si j'avais la force!.. — dit madame Grivois.

Le portier revint avec son arme et s'approcha traîtreusement et à pas lents de Rabat-Joie, qui se tenait toujours sous le porche.

— Viens, mon garçon... viens... ici, mon bon chien... — dit Nicolas en frappant sur sa cuisse de la main gauche, et tenant de sa main droite le merlin caché derrière lui.

Rabat-Joie se leva, examina attentivement Nicolas, puis devinant sans doute à sa démarche que le portier méditait quelque méchant dessein, d'un bond il s'éloigna... *tourna* l'ennemi, vit clairement ce dont il s'agissait et se tint à distance.

— Il a éventé la mèche — dit Nicolas — le gueux se défie... il ne se laissera pas approcher... c'est fini.

— Tenez... vous n'êtes qu'un maladroit — dit madame Grivois furieuse, et elle jeta cinq francs à Nicolas — mais au moins chassez-le d'ici...

— Ça sera plus facile que de le tuer, cela, madame.

En effet, Rabat-Joie, poursuivi et reconnaissant probablement l'inutilité d'une lutte ouverte, quitta la cour et gagna la rue; mais, une fois là, se sentant pour ainsi dire sur un terrain neutre, malgré les menaces de Nicolas, il ne s'éloigna de la porte qu'autant qu'il le fallait pour être à l'abri du merlin.

Aussi, lorsque madame Grivois, pâle de rage, remonta dans son fiacre, où se trouvaient les restes inanimés de *Monsieur*, elle vit avec autant de dépit que de colère Rabat-Joie, couché à quelques pas de la porte extérieure, que Nicolas venait de refermer voyant l'inutilité de ses poursuites.

Le chien de Sibérie, sûr de retrouver le chemin de la rue Brise-Miche, avec cette intelligence particulière à sa race, attendait les orphelines.

Les deux sœurs se trouvaient ainsi recluses dans le couvent de Sainte-Marie, qui, nous l'avons dit, touchait presque à la maison de santé où était enfermée Adrienne de Cardoville.

. . . .

Nous conduirons maintenant le lecteur chez la femme de Dagobert; elle attendait avec une cruelle anxiété le retour de son mari qui allait lui demander compte de la disparition des filles du maréchal Simon.

CHAPITRE XVIII.

L'INFLUENCE D'UN CONFESSEUR.

A peine les orphelines eurent-elles quitté la femme de Dagobert, que celle-ci, s'agenouillant, s'était mise à prier avec ferveur; ses larmes, long-temps contenues, coulèrent abondamment; malgré sa conviction sincère d'avoir accompli un religieux devoir en livrant les jeunes filles, elle attendait avec une crainte extrême le retour de son mari. Quoique aveuglé par son zèle pieux, elle ne se dissimulait pas que Dagobert aurait de légitimes sujets de plainte et de colère, et puis enfin, la pauvre mère devait encore, dans cette circonstance déjà si fâcheuse, lui apprendre l'arrestation d'Agricol, qu'il ignorait.

A chaque bruit de pas dans l'escalier, Françoise prêtait l'oreille en tressaillant; puis elle se remettait à prier avec ferveur, suppliant le Seigneur de lui donner la force de supporter cette nouvelle et rude épreuve.

Enfin, elle entendit marcher sur le palier; ne doutant pas cette fois que ce ne fût Dagobert, elle s'assit précipitamment, essuya ses yeux à la hâte et, pour se donner une contenance, prit sur ses genoux un sac de grosse toile grise qu'elle eût l'air de coudre, car ses mains vénérables tremblaient si fort, qu'elle pouvait à peine tenir son aiguille.

Au bout de quelques minutes la porte s'ouvrit.

Dagobert parut.

La rude figure du soldat était sévère et triste; en entrant il jeta violemment son chapeau sur la table, ne s'apercevant pas, tout d'abord, de la disparition des orphelines, tant il était péniblement préoccupé.

— Pauvre enfant... c'est affreux ! — s'écria-t-il.

—Tu as vu la Mayeux ?... tu l'as réclamée ?

dit vivement Françoise oubliant un moment ses craintes.

— Oui, je l'ai vue, mais dans quel état ! c'était à fendre le cœur, je l'ai réclamée, et vivement, je t'en réponds ; mais on m'a dit : Il faut, avant, que le commissaire aille chez vous pour...

Puis Dagobert, jetant un regard surpris dans la chambre, s'interrompit et dit à sa femme :

— Tiens... où sont donc les enfants ?...

Françoise se sentit saisie d'un frisson glacé. Elle dit d'une voix faible :

— Mon ami... je...

Elle ne put achever.

— Rose et Blanche, où sont-elles ? réponds-moi donc... Rabat-Joie n'est pas là non plus.

— Ne te fâche pas.

— Allons — dit brusquement Dagobert — tu les auras laissées sortir avec une voisine ; pourquoi ne les avoir pas accompagnées toi-même, ou priées de m'attendre si elles voulaient se promener un peu... ce que je comprends du reste... cette chambre est si triste :... mais je suis étonné qu'elles soient parties avant de savoir des nouvelles de cette bonne

Mayeux, car elles ont des cœurs d'anges;... mais... comme tu es pâle ! — ajouta le soldat en regardant Françoise de plus près. — Qu'est-ce que tu as donc, ma pauvre femme... est-ce que tu souffres ?

Et Dagobert prit affectueusement la main de Françoise.

Celle-ci, douloureusement émue de ces paroles prononcées avec une touchante bonté, courba la tête et baisa en pleurant la main de son mari.

Le soldat de plus en plus inquiet en sentant les larmes brûlantes couler sur sa main, s'écria :

— Tu pleures... tu ne me réponds pas... mais dis-moi donc ce qui te chagrine, ma pauvre femme... Est-ce parce que je t'ai parlé un peu fort en te demandant pourquoi tu avais laissé ces chères enfants sortir avec une voisine ? Dame... que veux-tu... leur mère me les a confiées en mourant... tu comprends... c'est sacré... cela... Aussi je suis toujours pour elles comme une vraie poule pour ses poussins — ajouta-t-il en riant pour égayer Françoise.

— Et tu as raison de les aimer...

— Voyons, calme-toi, tu me connais: avec

ma grosse voix, je suis bonhomme au fond;... puisque tu es bien sûre de cette voisine, il n'y a que demi-mal... mais désormais, vois-tu, ma bonne Françoise, ne fais jamais rien à cet égard sans me consulter... Ces enfants t'ont donc demandé à aller se promener un peu avec Rabat-Joie?

— Non... mon ami... je...

— Comment non?... Quelle est donc cette voisine à qui tu les as confiées? où les a-t-elles menées? à quelle heure les ramènera-t-elle?

— Je... ne sais pas... — murmura Françoise d'une voix éteinte.

— Tu ne sais pas! — s'écria Dagobert irrité; puis se contenant, il reprit d'un ton de reproche amical : — Tu ne sais pas... tu ne pouvais pas lui fixer une heure, ou mieux ne t'en rapporter qu'à toi... et ne les confier à personne?... Il faut que ces enfants t'aient bien instamment demandé de s'aller promener. Elles savaient que j'allais rentrer d'un moment à l'autre; comment ne m'ont-elles pas attendu, hein! Françoise?... Je te demande pourquoi elles ne m'ont pas attendu? Mais réponds-moi donc... mordieu! tu ferais damner un saint !... — s'écria Dagobert en frappant du pied — réponds-moi donc...

Le courage de Françoise était à bout ; ces interrogations pressantes, réitérées, qui devaient aboutir à la découverte de la vérité, lui fasaient endurer mille tortures lentes et poignantes. Elle préféra en finir tout d'un coup ; elle se décida donc à supporter le poids de la colère de son mari en victime humble et résignée, mais opiniâtrément fidèle à la promesse qu'elle avait jurée devant Dieu à son confesseur.

N'ayant pas la force de se lever, elle baissa la tête, et laissant tomber ses bras de chaque côté de sa chaise, elle dit à son mari d'une voix accablée :

— Fais de moi ce que tu voudras... mais ne me demande plus ce que sont devenues ces enfants.... je ne pourrais pas te répondre...

La foudre serait tombée aux pieds du soldat qu'il n'eût pas reçu une commotion plus violente, plus profonde ; il devint pâle ; son front chauve se couvrit d'une sueur froide ;

le regard fixe, hébété, il resta pendant quelques secondes immobile, muet, pétrifié.

Puis, sortant comme en sursaut de cette torpeur éphémère, par un mouvement d'une énergie terrible il prit sa femme par les deux épaules, et, l'enlevant aussi facilement qu'il eût enlevé une plume, il la planta debout devant lui, et alors, penché vers elle, il s'écria avec un accent à la fois effrayant et désespéré :

— Les enfants !..

— Grâce !.. grâce !.. — dit Françoise d'une voix éteinte.

— Où sont les enfants ?..

Répéta Dagobert en secouant entre ses mains puissantes ce pauvre corps frêle, débile, et il ajouta d'une voix tonnante :

— Répondras-tu ?.. Ces enfants !!!

— Tue-moi... ou pardonne-moi... car je ne peux pas te répondre...

Répondit l'infortunée avec cette opiniâtreté à la fois inflexible et douce des caractères timides, lorsqu'ils sont convaincus d'agir selon le bien.

— Malheureuse !.. s'écria le soldat.

Et fou de colère, de douleur, de désespoir,

il souleva sa femme comme s'il eût voulu la lancer et la briser sur le carreau... Mais cet excellent homme était trop brave pour commettre une lâche cruauté. Après cet élan de fureur involontaire, il laissa Françoise...

Anéantie, elle tomba sur ses deux genoux, joignit les mains, et, au faible mouvement de ses lèvres, on vit qu'elle priait...

Dagobert eut alors un moment d'étourdissement, de vertige; sa pensée lui échappait; tout ce qui lui arrivait était si soudain, si incompréhensible, qu'il lui fallut quelques minutes pour se remettre, pour bien se convaincre que sa femme, cet ange de bonté dont la vie n'était qu'une suite d'adorables dévouements, sa femme qui savait ce qu'étaient pour lui les filles du maréchal Simon, venait de lui dire :

— Ne m'interroge pas sur leur sort, je ne peux te répondre.

L'esprit le plus ferme, le plus fort, eût vacillé devant ce fait inexplicable, renversant.

Le soldat, reprenant un peu de calme et envisageant les choses avec plus de sang-froid, fit ce raisonnement sensé :

— Ma femme peut seule m'expliquer ce mystère inconcevable... Je ne veux ni la battre ni la tuer;... employons donc tous les moyens possibles pour la faire parler, et surtout tâchons de me contenir.

Dagobert prit une chaise, en montra une autre à sa femme toujours agenouillée, et lui dit :

— Assieds-toi...

Obéissante et abattue, Françoise s'assit.

— Écoute-moi, ma femme.

Reprit Dagobert d'une voix brève, saccadée et pour ainsi dire accentuée par des soubresauts involontaires, qui trahissaient sa violente impatience à peine contenue.

— Tu le comprends... cela ne peut se passer ainsi... tu le sais... je n'userai jamais de violence envers toi... Tout à l'heure... j'ai cédé à un premier mouvement... j'en suis fâché... je ne recommencerai pas... sois-en sûre... Mais enfin... il faut que je sache où sont ces enfants;... leur mère me les a confiées... et je ne les ai pas amenées du fond de la Sibérie ici... pour que tu viennes me dire aujourd'hui : « Ne m'interroge pas... je ne peux pas te dire ce que j'en ai fait!.. » Ce ne sont pas des raisons... Suppose que le maréchal Simon arrive tout à l'heure, et qu'il me dise : « Dagobert, mes enfants ! » — Que veux-tu que je lui réponde?.. voyons... je suis calme... tu le vois bien... je suis calme... mets-toi à ma place... encore une fois, que veux-tu que je lui réponde, au maréchal?.. hein!.. mais dis donc!.. parle donc!..

— Hélas!.. mon ami...

— Il ne s'agit pas d'hélas!—dit le soldat en essuyant son front dont les veines étaient gonflées et tendues à se rompre —que veux-tu que je réponde au maréchal?

— Accuse-moi auprès de lui... je supporterai tout...

— Que diras-tu?

— Que tu m'avais confié deux jeunes filles, que tu es sorti, qu'à ton retour, ne les ayant pas retrouvées, tu m'as interrogée, et que je t'ai répondu que je ne pouvais pas te dire ce qu'elles étaient devenues...

— Ah!.. et le maréchal se contentera de ces raisons-là?.. — dit Dagobert en serrant convulsivement ses poings sur ses genoux.

— Malheureusement, je ne pourrai pas lui en donner d'autres... ni à lui ni à toi;... non... quand la mort serait là, je ne le pourrais pas...

Dagobert bondit sur sa chaise en entendant cette réponse faite avec une résignation désespérante.

Sa patience était à bout; ne voulant cependant pas céder à de nouveaux emportements ou à des menaces dont il sentait l'impuissance, il se leva brusquement, ouvrit une des fenêtres, et exposa au froid et à l'air son front brûlant; un peu calme, il fit quelques pas dans la chambre et revint s'asseoir auprès de sa femme.

Celle-ci, les yeux baignés de pleurs, attachait son regard sur le Christ, pensant qu'à elle aussi on avait imposé une lourde croix.

Dagobert reprit :

— A la manière dont tu m'as parlé, j'ai vu tout de suite qu'il n'était arrivé aucun accident qui compromette la santé de ces enfants.

— Non... oh!.. non... grâce à Dieu, elles se portent bien... c'est tout ce que je te puis dire...

— Sont-elles sorties seules?

— Je ne puis rien te dire.

— Quelqu'un les a-t-il emmenées?

— Hélas, mon ami, à quoi bon m'interroger? je ne peux pas répondre.

— Reviendront-elles ici?

— Je ne sais pas...

Dagobert se leva brusquement; de nouveau la patience était sur le point de lui échapper.

Après quelques pas dans la chambre, il revint s'asseoir.

— Mais enfin — dit-il à sa femme — tu n'as aucun intérêt, toi, à me cacher ce que sont devenues ces enfants; pourquoi refuser de m'en instruire?

— Parce que je ne peux faire autrement.

— Je crois que si... lorsque tu sauras une chose que tu m'obliges à te dire : écoute-moi bien — ajouta Dagobert d'une voix émue : — Si ces enfants ne me sont pas rendues la veille du 13 *février*, et tu vois que le temps presse... tu me mets envers les filles du maréchal Simon dans la position d'un homme qui les aurait volées, dépouillées, entends-tu bien, dépouillées—dit le soldat d'une voix profondément altérée ; puis, avec un accent de désolation qui brisa le cœur de Françoise, il ajouta : — Et j'avais pourtant fait tout ce qu'un honnête homme peut faire... pour amener ces pauvres enfants ici :... tu ne sais pas, toi, ce que j'ai eu à endurer en route... mes soins, mes inquiétudes... car enfin... moi soldat, chargé de deux jeunes filles... ce n'est qu'à force de cœur, de dévouement, que j'ai pu m'en tirer... et lorsque, pour ma récompense, je croyais pouvoir dire à leur père : Voici vos enfants...

Le soldat s'interrompit...

A la violence de ses premiers emportements succédait un attendrissement douloureux ; il pleura.

A la vue des larmes qui coulaient lentement sur la moustache grise de Dagobert Françoise sentit un moment sa résolution défaillir ; mais songeant au serment qu'elle avait fait à son confesseur, et se disant qu'après tout il s'agissait du salut éternel des orphelines, elle s'accusa mentalement de cette tentation mauvaise que l'abbé Dubois lui reprocherait sévèrement.

Elle reprit donc d'une voix craintive :

— Comment peut-on t'accuser d'avoir dépouillé ces enfants ainsi que tu disais?

— Apprends donc — reprit Dagobert en passant la main sur ses yeux — que si ces jeunes filles ont bravé tant de fatigues et de traverses pour venir ici du fond de la Sibérie, c'est qu'il s'agit pour elles de grands intérêts, d'une fortune immense peut-être... et que si elles ne se présentent pas le 13 février... ici... à Paris, rue Saint-François... tout est perdu... et cela par ma faute... car je suis responsable de ce que tu as fait.

— Le 13 février... rue Saint-François — dit Françoise en regardant son mari avec surprise — comme Gabriel...

— Que dis-tu... de Gabriel?

— Quand je l'ai recueilli... le pauvre petit abandonné, il portait au cou une médaille... de bronze...

— Une médaille de bronze — s'écria le soldat frappé de stupeur — avec ces mots : *A Paris, vous serez, le 13 février 1832, rue Saint-François.*

— Oui... Comment sais-tu?...

— Gabriel aussi! — dit le soldat en se parlant à lui-même; puis il ajouta vivement : — Et Gabriel, sait-il que tu as trouvé cette médaille sur lui ?

— Je lui en ai parlé dans le temps; il avait aussi dans sa poche, quand je l'ai recueilli, un portefeuille rempli de papiers écrits en langue étrangère; je les ai remis à M. l'abbé Dubois, mon confesseur, pour qu'il pût les examiner. Il m'a dit plus tard que ces papiers étaient de peu d'importance; quelque temps après, quand une personne bien charitable, nommée M. Rodin, s'est chargée de l'éducation de Gabriel et de le faire entrer au séminaire, M. l'abbé Dubois a remis ces papiers et cette médaille à M. Rodin ; depuis je n'en ai plus entendu parler.

Lorsque Françoise avait parlé de son confesseur un éclair soudain avait frappé l'esprit du soldat, quoiqu'il fût loin de se douter des machinations depuis long-temps ourdies autour de Gabriel et des orphelines; il pressentit vaguement que sa femme devait obéir à quelque secrète influence de confessionnal ; influence dont il ne comprenait, il est vrai, ni le but ni la portée, mais qui lui expliquait du moins en partie l'inconcevable opiniâtreté de Françoise à se taire au sujet des orphelines.

Après un moment de réflexion, il se leva et dit sévèrement à sa femme en la regardant fixement :

— Il y a du prêtre... dans tout ceci.

— Que veux-tu dire, mon ami ?...

— Tu n'as aucun intérêt à me cacher les enfants; tu es la meilleure des femmes; tu vois ce que je souffre; si tu agissais de toi-même tu aurais pitié de moi...

— Mon ami...

— Je te dis que tout ça sent le confessionnal ! — reprit Dagobert. — Tu sacrifies moi et ces enfants à ton confesseur, mais prends bien garde... je saurai où il demeure... et mille tonnerres... j'irai lui demander qui de lui ou de moi est le maître dans mon ménage, et s'il se tait...— ajouta le soldat avec une expression menaçante — je saurai bien le forcer de parler...

— Grand Dieu ! — s'écria Françoise en joignant les mains avec épouvante en entendant ces paroles sacriléges — un prêtre !... songes-y... un prêtre !

— Un prêtre qui jette la discorde, la trahison et le malheur dans mon ménage, n'est qu'un misérable comme un autre... à qui j'ai le droit de demander compte du mal qu'il fait à moi et aux miens... Ainsi dis moi à l'instant où sont les enfants... ou sinon je t'avertis que c'est à ton confesseur que je vais aller le demander. Il se trame ici quelque indignité dont tu es complice sans le savoir, malheureuse femme;... du reste... j'aime mieux avoir à m'en prendre à un autre qu'à toi.

— Mon ami — dit Françoise d'une voix douce et ferme — tu t'abuses si tu crois par la violence imposer à un homme vénérable qui, depuis vingt ans, s'est chargé de mon salut; c'est un vieillard respectable.

— Il n'y a pas d'âge qui tienne...

— Grand Dieu !... où vas-tu ? Tu es effrayant !

— Je vais à ton église... tu dois y être connue... Je demanderai ton confesseur, et nous verrons.

— Mon ami... je t'en supplie — s'écria Françoise avec épouvante en se jetant au devant de Dagobert qui se dirigeait vers la porte; — songe à quoi tu t'exposes... Mon Dieu !... outrager un prêtre... Mais tu ne sais donc pas que c'est un *cas réservé !!!*

Ces derniers mots étaient ce que dans sa candeur la femme de Dagobert croyait pouvoir lui dire de plus redoutable; mais le soldat, sans tenir compte de ces paroles, se dégagea des étreintes de sa femme, et il allait sortir tête nue, tant était violente son exaspération, lorsque la porte s'ouvrit.

C'était le commissaire de police suivi de la Mayeux et de l'agent de police portant le paquet saisi sur la jeune fille.

— Le commissaire? — dit Dagobert en le reconnaissant à son écharpe; ah ! tant mieux, il ne pouvait venir plus à propos.

CHAPITRE XIX.

L'INTERROGATOIRE.

— Madame Françoise Baudoin? — demanda le magistrat.

— C'est moi... monsieur... — dit Françoise; puis apercevant la Mayeux qui, pâle, tremblante, n'osait pas avancer, elle lui tendit les bras. — Ah! ma pauvre enfant!... — s'écria-t-elle en pleurant — pardon... pardon... c'est encore pour nous... que tu as souffert cette humiliation...

Après que la femme de Dagobert eut tendrement embrassé la jeune ouvrière, celle-ci, se retournant vers le commissaire, lui dit avec une expression de dignité triste et touchante :

— Vous le voyez... monsieur... je n'avais pas volé...

— Ainsi, madame — dit le magistrat en s'adressant à Françoise — la timbale d'argent... le châle... les draps... contenus dans ce paquet?

— M'appartenaient, monsieur... c'était pour me rendre service que cette chère enfant... la meilleure, la plus honnête des créatures, avait bien voulu se charger de porter ces objets au Mont-de-Piété...

— Monsieur — dit sévèrement le magistrat à l'agent de police — vous avez commis une déplorable erreur;... j'en rendrai compte... et je demanderai que vous soyez puni; sortez! puis s'adressant à la Mayeux d'un air véritablement peiné : — Je ne puis malheureusement, mademoiselle, que vous exprimer des regrets bien sincères de ce qui s'est passé... croyez que je compatis à tout ce que cette méprise a eu de cruel pour vous...

— Je le crois... monsieur — dit la Mayeux — et je vous en remercie.

Et elle s'assit avec accablement, car, après tant de secousses, son courage et ses forces étaient épuisés.

Le magistrat allait se retirer, lorsque Dagobert, qui avait depuis quelques instants paru profondément réfléchir, lui dit d'une voix ferme :

— Monsieur le commissaire... veuillez m'entendre... j'ai une déposition à vous faire.

— Parlez, monsieur...

— Ce que je vais vous dire est très-important, monsieur; c'est devant vous, magistrat, que je fais cette déclaration... afin que vous en preniez acte.

— Et c'est comme magistrat que je vous écoute, monsieur.

— Je suis arrivé ici depuis deux jours — j'amenai de Russie deux jeunes filles qui m'avaient été confiées par leur mère... femme de M. le maréchal Simon...

— De M. le maréchal duc de Ligny? — dit le commissaire très-surpris.

— Oui, monsieur... hier... je les ai laissées ici... j'étais obligé de partir pour une affaire très-pressante... Ce matin, pendant mon absence, elles ont disparu... et je suis certain de connaître l'homme qui les a fait disparaître...

— Mon ami... — s'écria Françoise effrayée...

— Monsieur — dit le magitrat — votre déclaration est de la plus haute gravité... Disparition de personnes... Séquestration, peut-être... Mais êtes-vous bien sûr?

— Ces jeunes filles étaient ici... il y a une heure... Je vous répète, monsieur, que, pendant mon absence... on les a enlevées...

— Je ne voudrais pas douter de la sincérité de votre déclaration, monsieur... Pourtant, un enlèvement si brusque... s'explique difficilement... D'ailleurs, qui vous dit que ces jeunes filles ne reviendront pas? Enfin, qui soupçonnez-vous? Un mot seulement, avant de déposer votre accusation. Rappelez-vous que c'est le magistrat qui vous entend... En sortant d'ici, il se peut que la justice soit saisie de cette affaire.

— C'est ce que je veux, monsieur... Je suis responsable de ces jeunes filles devant leur père; il doit arriver d'un moment à l'autre, et je tiens à me justifier.

— Je comprends, monsieur, toutes ces raisons, mais encore une fois prenez garde de vous laisser égarer par des soupçons peut-être mal fondés... Une fois votre dénonciation faite... il se peut que je sois obligé d'agir préventivement, immédiatement, contre la personne que vous accusez... Or, si vous étiez coupable d'une erreur... les suites en seraient fort graves pour vous;... et, sans aller plus loin... — dit le magistrat avec émotion en désignant la Mayeux — vous voyez quelles sont les conséquences d'une fausse accusation.

— Mon ami... tu entends — s'écria Françoise de plus en plus effrayée de la résolution de Dagobert à l'endroit de l'abbé Dubois — je t'en supplie... ne dis pas un mot de plus...

Mais le soldat, en réfléchissant, s'était convaincu que la seule influence du confesseur de Françoise avait pu la déterminer à agir ou à se taire; aussi reprit-il avec assurance :

— J'accuse le confesseur de ma femme d'être l'auteur ou le complice de l'enlèvement des filles du maréchal Simon.

Françoise poussa un douloureux gémissement et cacha sa figure dans ses mains, pendant que la Mayeux, qui s'était rapprochée d'elle, tâchait de la consoler.

Le magistrat avait écouté la déposition de Dagobert avec un étonnement profond; il lui dit sévèrement :

— Mais, monsieur... n'accusez-vous pas injustement un homme revêtu d'un caractère on ne peut plus respectable... un prêtre;... monsieur... il s'agit d'un prêtre... je vous avais prévenu... vous auriez dû réfléchir... tout ceci... devient de plus en plus grave... à votre âge... une légèreté serait impardonnable...

— Et mordieu! monsieur — dit Dagobert avec impatience — à mon âge on a le sens commun; voici les faits : Ma femme est la meilleure, la plus honorable des créatures... parlez-en dans le quartier, on vous le dira... mais elle est dévote; mais depuis vingt ans elle ne voit que par les yeux de son confesseur... Elle adore son fils, elle m'aime beaucoup aussi; mais au-dessus de son fils et de moi... il y a toujours le confesseur.

— Monsieur — dit le commissaire — ces détails... intimes...

— Sont indispensables... vous allez le voir :... je sors il y a une heure, pour aller réclamer cette pauvre Mayeux... en rentrant, les jeunes filles avaient disparu; je demande à ma femme, à qui je les avais laissées, où elles sont... elle tombe à genoux en sanglotant et me dit : Fais de moi ce que tu voudras... mais ne me demande pas ce que sont devenues les enfants... je ne peux pas te répondre.

— Serait-il vrai... madame?... — s'écria le commissaire en regardant Françoise avec une grande surprise.

— Emportements, menaces, prières, rien n'a fait — reprit Dagobert — à tout elle m'a répondu avec sa douceur de sainte : — Je ne peux rien dire... Eh bien! moi, monsieur, voici ce que je soutiens : ma femme n'a aucun intérêt à la disparition de ces enfants; elle est sous la domination entière de son confesseur; elle a agi par son ordre, et elle n'est que l'instrument; il est le seul coupable.

A mesure que Dagobert parlait, la physionomie du commissaire devenait de plus en plus attentive en regardant Françoise, qui, soutenue par la Mayeux, pleurait amèrement.

Après avoir un instant réfléchi, le magistrat fit un pas vers la femme de Dagobert, et lui dit :

— Madame... vous avez entendu ce que vient de déclarer votre mari.

— Oui, monsieur.

— Qu'avez-vous à dire pour vous justifier?...

— Mais, monsieur — s'écria Dagobert — ce n'est pas ma femme que j'accuse... je n'entends pas cela... c'est son confesseur.

— Monsieur... vous vous êtes adressé au magistrat;... c'est donc au magistrat à agir comme il croit devoir agir pour découvrir la vérité... Encore une fois, madame — reprit-il en s'adressant à Françoise — qu'avez-vous à dire pour vous justifier ?

— Hélas! rien, monsieur.

— Est-il vrai que votre mari ait en partant laissé ces jeunes filles sous votre surveillance?

— Oui, monsieur.

— Est-il vrai qu'à son retour il ne les a pas retrouvées ici ?

— Oui, monsieur.

— Est-il vrai que lorsqu'il vous a demandé

où elles étaient, vous lui avez dit que vous ne pouviez rien lui apprendre à ce sujet?

Et le commissaire semblait attendre la réponse de Françoise avec une sorte de curiosité inquiète.

— Oui... monsieur — dit-elle simplement et naïvement — j'ai répondu cela à mon mari.

Le magistrat fit un mouvement de surprise presque pénible.

— Comment! madame... à toutes les prières, à toutes les instances de votre mari... vous n'avez pu répondre autre chose? Comment! vous avez refusé de lui donner aucun renseignement? Mais cela n'est ni probable, ni possible.

— Cela est pourtant la vérité, monsieur.

— Mais enfin, madame, que sont devenues ces jeunes filles qu'on vous a confiées?...

— Je ne puis rien dire là-desssus... monsieur... Si je n'ai pas répondu à mon pauvre mari... c'est que je ne répondrai à personne...

— Eh bien! monsieur — reprit Dagobert — avais-je tort? Une honnête et excellente femme comme elle, toujours pleine de raison, de bon sens, de dévouement, parler ainsi...

est-ce naturel ? Je vous répète, monsieur, que c'est une affaire de confesseur... Agissons contre lui vivement et promptement ;... nous saurons tout... et mes pauvres enfants me seront rendues.

Le commissaire dit à Françoise, sans pouvoir réprimer une certaine émotion :

— Madame... je vais vous parler bien sévèrement ; mon devoir m'y oblige... Tout ceci se complique d'une manière si grave, que je vais de ce pas instruire la justice de ces faits ; vous reconnaissez que ces jeunes filles vous ont été confiées, et vous ne pouvez les représenter... Maintenant, écoutez-moi bien... si vous refusiez de donner aucun éclaircissement à leur sujet... c'est vous seule... qui seriez accusée de leur disparition... Et je serais, à mon grand regret, obligé de vous arrêter...

— Moi !... — s'écria Françoise avec terreur.

— Elle ! — s'écria Dagobert — jamais... Encore une fois, c'est son confesseur et non pas elle que j'accuse... Ma pauvre femme... l'arrêter !

Et il courut à elle, comme s'il eût voulu la protéger.

— Monsieur... il est trop tard — dit le commissaire; — vous m'avez déposé votre plainte sur l'enlèvement de deux jeunes filles. D'après les déclarations mêmes de votre femme, elle seule est jusqu'ici la seule compromise. Je dois la conduire auprès de M. le procureur du Roi, qui, du reste, avisera.

— Et moi, monsieur, je vous dis que ma femme ne sortira pas d'ici — s'écria Dagobert d'un ton menaçant.

— Monsieur — dit froidement le commissaire — je comprends votre chagrin; mais, dans l'intérêt même de la vérité, je vous en conjure... ne vous opposez pas à une mesure qu'il vous serait, dans dix minutes, matériellement impossible d'empêcher.

Ces mots, dits avec calme, rappelèrent le soldat à lui-même.

— Mais enfin, monsieur — s'écria-t-il — ce n'est pas ma femme que j'accuse...

— Laisse, mon ami; ne t'occupe pas de moi — dit la femme martyre avec une angélique résignation — le Seigneur veut encore m'éprouver rudement; je suis son indigne servante... je dois accepter ses volontés avec reconnaissance; que l'on m'arrête si l'on veut :...

je ne dirai pas plus en prison que je n'ai dit ici au sujet de ces pauvres enfants...

— Mais, monsieur... vous voyez bien que ma femme n'a pas la tête à elle... — s'écria Dagobert — vous ne pouvez pas l'arrêter...

— Il n'y a aucune charge, aucune preuve, aucun indice contre l'autre personne que vous accusez, et que son caractère même défend. Laissez-moi emmener madame... Peut-être, après un premier interrogatoire, vous sera-t-elle rendue... Je regrette, monsieur — ajouta le commissaire d'un ton pénétré — d'avoir une telle mission à remplir... dans un moment où l'arrestation de votre fils... doit vous...

— Hein... — s'écria Dagobert en regardant sa femme et la Mayeux avec stupeur — que dit-il ?... mon fils...

— Quoi !... vous ignoriez !... Ah ! monsieur... pardon, mille fois — dit le magistrat douloureusement ému — il m'est cruel... de vous faire une telle révélation.

— Mon fils... — répéta Dagobert en portant ses deux mains à son front — mon fils... arrêté !

— Pour un délit politique... peu grave du reste — dit le commissaire.

— Ah ! c'est trop... tout m'accable à la fois...

— Dit le soldat en tombant anéanti sur une chaise et cachant sa figure dans ses mains.

. . . .

Après des adieux déchirants, au milieu desquels Françoise resta, malgré ses terreurs, fidèle au serment qu'elle avait fait à l'abbé Dubois, Dagobert, qui avait refusé d'aller déposer contre sa femme, était accoudé sur une table ; épuisé par tant d'émotions il ne put s'empêcher de s'écrier : — Hier... j'avais auprès de moi... ma femme... mon fils... mes deux pauvres orphelines... et maintenant... seul... seul !

Au moment où il prononçait ces mots d'un ton déchirant, une voix douce et triste se fit entendre derrière lui, et dit timidement :

— Monsieur Dagobert... je suis là... si vous le permettez, je vous servirai, je resterai près de vous...

C'était la Mayeux !

FIN DU TROISIÈME VOLUME.

TABLE DES CHAPITRES.

Chap. 1er. L'entretien	1
II. Une jésuitesse	25
III. Le complot	45
IV. Les ennemis d'Adrienne	69
V. L'escarmouche	89
VI. La révolte	103
VII. La trahison	133
VIII. Le piége	139
IX. Un faux ami	163
X. Le cabinet du ministre	185
XI. La visite	211
XII. Pressentiments	244
XIII. La lettre	259
XIV. Le confessionnal	283
XV. Monsieur et Rabat-Joie	311
XVI. Les apparences	323
XVII. Le couvent	337
XVIII. L'influence d'un confesseur	365
XIX. L'interrogatoire	383

CATALOGUE
DE LA LIBRAIRIE PAULIN,
RUE RICHELIEU, 60.

SOUS PRESSE :

HISTOIRE DU CONSULAT ET DE L'EMPIRE,

Par M. A. THIERS ; — faisant suite à l'*Histoire de la Révolution française*.

L'*Histoire du Consulat et de l'Empire* en 10 volumes, in-8, paraîtra par livraison d'un volume de mois en mois. — On souscrit, dès à présent, chez l'Éditeur, rue Richelieu, 60, et chez tous les Libraires de Paris, des départements et de l'étranger.

ATLAS de l'*Histoire du Consulat et de l'Empire*, dressé sous la direction de M. A. THIERS, dessiné par M. Dufour, et gravé par M. Dyonnet. — 45 Cartes sur papier fort, coloriées avec soin.

L'*Atlas* sera publié par livraisons de quatre ou cinq cartes, en même temps que l'*Histoire du Consulat et de l'Empire*.

Pour paraître en 1845.

HISTOIRE DE LA RÉFORMATION, DE LA LIGUE ET DU RÈGNE DE HENRI IV,

Par M. MIGNET, de l'Institut, secrétaire perpétuel de l'Académie des sciences morales et politiques, membre de l'Académie française. 10 vol. in-8.

En souscription.

LE JUIF ERRANT,

Par M. EUGÈNE SUE. 10 volumes in-3. Prix du volume : 7 fr. 50 cent.

En préparation : Une magnifique édition du **JUIF ERRANT**, illustrée par M. Gavarni.

BIBLIOTHÈQUE DE POCHE,

Variétés curieuses des Sciences, des Arts, de l'Histoire, de la Littérature; par une société de gens de lettres et d'érudits. 10 vol. in-18. — Chaque volume contenant la matière de deux volumes in-8 ordinaires. Prix : 3 fr. le volume.

1. Curiosités littéraires.
2. — bibliographiques.
3. — biographiques.
4. — historiques.
5. — des origines et inventions.
6. Curiosités des beaux-arts et de l'archéologie.
7. — militaires.
8. — des langues, des proverbes.
9. — des traditions, mœurs, usages, etc.
10. — anecdotiques.

Plusieurs érudits et gens de lettres livrés à des travaux et à des études qui exigent des lectures aussi étendues que variées, frappés du nombre de faits curieux répandus dans les livres peu consultés aujourd'hui, ont eu la pensée de mettre en commun le résultat des découvertes de ce genre qu'ils pourraient faire dans le cours de leurs lectures. Telle est l'origine de ce Recueil qui, formé depuis longtemps, sans autre intention d'abord que l'amusement et l'instruction des associés, a été regardé comme assez intéressant pour donner lieu à une publication que, sans aucun doute, le public accueillera avec plaisir. L'idée de ce recueil n'est pas tout à fait nouvelle. Il a paru au siècle dernier un assez grand nombre d'ouvrages analogues, mais dont la forme diffère complétement de notre recueil. Tels sont les *Singularités historiques et littéraires* de dom Liron, les *Récréations historiques de Dreux* du Radier, les *Mélanges tirés d'une grande Bibliothèque*, volumineuse et informe collection, peu estimée du reste, les *Aménités littéraires* de Chomel, et cette nombreuse série de *variétés historiques, littéraires, amusantes, galantes, ingénieuses,* etc.; d'*amusements historiques, philologiques, littéraires, philosophiques,* etc. Ces ouvrages ont été consultés, et on y a joint le dépouillement de toutes les grandes collections historiques, littéraires, biographiques, qui ont été publiées depuis le siècle dernier en France et à l'étranger, les faits curieux et authentiques signalés par la presse périodique depuis cette époque, la lecture des mémoires, des voyages, etc. On a pu ajouter ainsi facilement à la masse d'instruction recueillie par nos devanciers un contingent d'informations curieuses dont l'objet est de faire profiter des études que les auteurs ou les lecteurs occupés d'autres soins et d'autres travaux.

La classification de notre recueil présente un avantage sur les ouvrages du même genre qui nous ont précédés ; pour ne point parler de la confusion qui naît de l'entassement des matières sans distinction de genre, l'ordre que nous suivons permettra surtout à chacun de faire son choix et d'acheter les parties de l'ouvrage qui s'adressent d'une manière plus particulièrement à son goût, à son genre d'idées et à ses études.

Nous avons adopté le titre : BIBLIOTHÈQUE DE POCHE, pour indiquer que le sujet de ces volumes, composés d'une foule de notions, de vues, de récits et de faits variés exprimés sous une forme brève, succincte et souvent anecdotique, est approprié surtout à ce genre de lecture qui ne demande pas le repos du cabinet, mais qui s'accommode de la promenade, du voyage et de ces courts instants qu'on perd si souvent dans l'attente, et dans les intervalles des occupations journalières.

Nous avons approprié également le format de notre collection à sa destination. Il y a longtemps qu'on parle d'éditions portatives ; mais combien peu ont songé à mériter leur nom ! Le format trop petit exige des caractères illisibles ; le format plus grand se porte à la main, il est vrai, mais ne peut se mettre commodément dans la poche ; nous insistons sur ce dernier mot : car notre format réunit les deux avantages et répond aux deux objections.

Ainsi nous comprendrons en dix volumes les *Variétés curieuses* que nous annonçons, classées sous les titres indiqués ci-dessus.

Le tome I, CURIOSITÉS LITTÉRAIRES, paraîtra le 15 octobre : les volumes suivants se succéderont de mois en mois.

COURS COMPLET DE MÉTÉOROLOGIE ; par L.-F. Kaemtz, professeur à l'Université de Halle, traduit et annoté par Ch. Martins, docteur ès sciences et professeur agrégé à la Faculté de médecine de Paris; ouvrage complété de tous les travaux des météorologistes français. 1 vol. in-12, format du *Million de faits*, avec des gravures, des tableaux, etc. 8 fr.

MANUEL DE L'HISTOIRE DE L'ARCHITECTURE chez tous les peuples, et particulièrement de l'architecture en France au moyen âge, avec 200 gravures dans le texte; par Daniel Ramée. 2 vol. 10 fr. 50

ITINÉRAIRE DESCRIPTIF et historique de la Suisse, du Jura français, de Baden-Baden et de la Forêt-Noire, de la Chartreuse de Grenoble et des eaux d'Aix, du Mont-Blanc, de la vallée de Chamouny, du grand Saint-Bernard et du Mont-Rose; avec une carte routière imprimée sur toile, les armes de la Confédération suisse et des vingt-deux cantons, et deux grandes vues de la chaîne du Mont-Blanc et des Alpes bernoises; par Adolphe Joanne. 1 vol. in-18 contenant la matière de cinq volumes in-8 ordinaires. Prix, broché : 10 fr. 50 c. Relié. 12 fr.

Collection à 3 fr. 50 c. le volume.

MANUEL DE POLITIQUE, ouvrage dédié à l'Académie des sciences morales et politiques; par V. Guichard. 1 vol. 3 fr. 50

MANUEL D'HISTOIRE ANCIENNE, depuis le commencement du monde jusqu'à Jésus-Christ; par le docteur Ott. 1 vol. 3 fr. 50

MANUEL D'HISTOIRE MODERNE, depuis Jésus-Christ jusqu'à nos jours; par le docteur Ott. 1 vol. 3 fr. 50

MANUEL D'HISTOIRE DE LA PHILOSOPHIE ANCIENNE, par M. Renouvier. 2 vol. 7 fr.

MANUEL D'HISTOIRE DE LA PHILOSOPHIE MODERNE, par M. Renouvier. 1 vol. 3 fr. 50

L'ÉDUCATION PROGRESSIVE, ou Étude du Cours de la vie; par madame Necker de Saussure, précédée d'une Notice sur la vie et les écrits de l'auteur. 2 vol. 7 fr.

LES MUSÉES D'ITALIE, guide et mémento de l'artiste et du voyageur; par Louis Viardot. 1 vol. 3 fr. 50

LES MUSÉES D'ESPAGNE, D'ANGLETERRE ET DE BELGIQUE; par Louis Viardot, pour faire suite aux Musées d'Italie, par le même. 1 vol. 3 fr. 50

LES MUSÉES D'ALLEMAGNE ET DE RUSSIE; par le même. 1 vol. 3 fr. 50

FABLES; par M. Viennet, de l'Académie française. 1 vol. 3 fr. 50

GÉNIE DU XIXe SIÈCLE, ou Esquisse des progrès de l'esprit humain, depuis 1800 jusqu'à nos jours; par Edouard Alletz. 1 vol. 3 fr. 50.

DES ÉLÉMENTS DE L'ÉTAT, ou Cinq questions concernant la religion, la philosophie, la morale, l'art et la politique; par E.-A. Segretain. 2 vol. 7 fr.

NAPOLÉON APOCRYPHE, 1812-1832, histoire de la conquête du monde et de la monarchie universelle; par Louis Geoffroy. 1 vol. 3 fr. 50 c.

HISTOIRE DE LA TOUR D'AUVERGNE, premier grenadier de France, rédigée d'après sa correspondance, ses papiers de famille, et les documents les plus authentiques; par M. Buhot de Kersers. 1 vol. 3 fr. 50 c.

LE HACHYCH. 1 vol. 3 fr. 50
Utopie philosophique, sociale et politique. L'auteur est un savant célèbre.

JÉROME PATUROT à la recherche d'une position sociale. 4e édition; par Louis Reybaud 1 vol. 3 fr. 50

HOMÈRE (l'Iliade et l'Odyssée), traduction nouvelle; par P. Giguet. 2 vol. 7 fr.

HISTOIRE DE LA POÉSIE FRANÇAISE à l'époque impériale; par B. Jullien. 2 vol. 7 fr.

M. Flourens,

Secrétaire perpétuel de l'Académie des sciences, membre de l'Académie française, professeur de physiologie comparée au Muséum d'histoire naturelle,

BUFFON. Histoire de ses travaux et de ses idées; par M. Flourens. 1 vol. in-18. 3 fr. 50

GEORGES CUVIER. Analyse raisonnée de ses travaux, précédée de son éloge historique; par M. Flourens. 1 vol. 3 f. 50

EXAMEN DE LA PHRÉNOLOGIE; par M. Flourens. 1 vol. 2 fr.

RÉSUMÉ ANALYTIQUE des observations de Frédéric Cuvier sur l'instinct et l'intelligence des animaux; par M. Flourens. 1 vol. 3 fr.

LES CONSTITUTIONS DES JÉSUITES AVEC LES DÉCLARATIONS; texte latin, d'après l'édition de Prague. Traduction nouvelle. 1 vol. 3 fr. 50

LES JÉSUITES ET L'UNIVERSITÉ; par M. F..Génin. 2ᵉ édit. 1 vol. in-18.   5 fr. 50

LES JÉSUITES; par MM. Michelet et Quinet, professeurs au Collége de France. 6ᵉ édition. 1 vol. in-18.   2 fr.

LETTRES SUR LE CLERGÉ ET SUR LA LIBERTÉ D'ENSEIGNEMENT; par M. Libri, membre de l'Institut. 1 vol. in-8.   4 fr.

L'ULTRAMONTANISME, OU L'ÉGLISE ROMAINE ET LA SOCIÉTÉ MODERNE; par E. Quinet. 1 vol. in-8. Prix : 4 fr. 50 cent.; par la poste.   5 fr. 50

LES ACTES DES APOTRES. 12 petits volumes à 1 fr.
Il paraît un volume par mois. Les actes des apôtres sont une revue des actes qui font l'objet de la polémique entre le clergé et l'université. Les apôtres sont les jésuites.

LA MONACHOLOGIE, histoire naturelle du genre *Monachus*, classé suivant la méthode de Linné. — Un petit volume en latin et en français, orné de gravures.   1 fr.
Petit pamphlet très-spirituel.

GRANDE CHRONIQUE DE MATTHIEU PARIS, traduite en français par M. Huillard-Breholles, accompagnée de notes, et précédée d'une Introduction par M. le duc de Luynes, membre de l'Institut. 9 vol. in-8.

MÉLANGES PHILOSOPHIQUES, LITTÉRAIRES, HISTORIQUES ET RELIGIEUX; par M. P.-A. Stapfer; précédés d'une Notice sur l'auteur, par M. A. Vinet. 2 vol. in-8.   15 fr.

NOTICES ET MÉMOIRES HISTORIQUES; par M. Mignet, secrétaire perpétuel de l'Académie des sciences morales et politiques, membre de l'Académie française, etc. 2 vol. in-8.   15 fr.

HISTOIRE DE MALTE, depuis les temps les plus reculés jusqu'à l'époque actuelle; par M. Miège, ancien consul de France, avec plan et carte géographique. 3 forts vol. in-8.   22 fr. 50

HISTOIRE D'ANGLETERRE depuis les temps les plus reculés; par M. A. Roche. Ouvrage approuvé par le conseil royal de l'instruction publique. 2 vol. in-8.   12 fr.

HISTOIRE D'ALGER et de la piraterie des Turcs dans la Méditerranée; par M. Ch. de Rotalier. 2 vol. in-8.   15 fr.

HISTOIRE DES ÉTATS GÉNÉRAUX et des Institutions représentatives en France, depuis l'origine de la monarchie jusqu'à 1789; par M. A.-C. Thibaudeau. 2 vol. in-8.   15 fr.

HISTOIRE DE LA CONTRE-RÉVOLUTION EN ANGLETERRE sous Charles II et Jacques II; par Armand Carrel. 1 vol. in-8.   7 fr. 50

HISTOIRE DE SAINT LOUIS, roi de France; par M. le marquis de Villeneuve-Trans, membre de l'Institut. 3 gros vol. in-8.   22 fr. 50

HISTOIRE DE RENÉ D'ANJOU; par le même. 3 vol. in-8, avec gravures.   22 fr. 50

HISTOIRE DES ARABES ET DES MORES D'ESPAGNE; par Louis Viardot. 2 vol. in-8.   12 fr.

SCÈNES DE MŒURS ARABES (Espagne, 10ᵉ siècle); par Louis Viardot. 1 vol. in-8.   6 fr.

ÉTUDES SUR L'HISTOIRE DES INSTITUTIONS, DE LA LITTÉRATURE ET DU THÉATRE, DES BEAUX-ARTS EN ESPAGNE; par Louis Viardot. 1 vol. in-8.   7 fr. 50

PRÉCIS DE L'HISTOIRE DE L'HINDOUSTAN, contenant l'établissement de l'empire mogol, ses progrès et sa décadence; l'invasion et les établissements successifs des Européens; la coalition des princes de l'Afganistan contre les Anglais; l'examen des diverses religions établies chez les Hindous, ainsi qu'un tableau de leurs lois primitives, de leurs mœurs, usages et coutumes, et un résumé des lois qui régissent les établissements français; par L.-M.-C. Pasquier, ancien magistrat à Pondichéry. 1 vol. in-8.   7 fr. 50

LA FRANCE AVANT LA RÉVOLUTION, son état politique et social en 1788, à l'ouverture de l'assemblée des notables, et son histoire depuis cette époque jusqu'aux états généraux; par M. Raudot, ancien magistrat. In-8.   7 fr.

DE LA POLITIQUE EXTÉRIEURE ET INTÉRIEURE DE LA FRANCE; par M. Duvergier de Hauranne, membre de la chambre des députés. 1 vol. in-8.   6 fr.

DU DÉCLIN DE LA FRANCE ET DE L'ÉGAREMENT DE SA POLITIQUE; par M. d'H..... 1 vol. in-8.   4 fr.

RÉSURRECTION, ou application du christianisme à la science et à la société; par Charles Stoffels. 1 vol. in-8.   7 fr. 50

ÉTAT DE LA QUESTION D'AFRIQUE. Réponse à la brochure de M. le général Bugeaud, intitulée : *l'Algérie*; par Gustave de Beaumont, membre de la chambre des députés. In-8.   1 fr. 50

DE L'INTERVENTION DU POUVOIR DANS LES ÉLECTIONS; par le même. in-8. 1 fr. 50

HISTOIRE DES ENFANTS TROUVÉS; par J.-F. Terme, chevalier de la Légion d'honneur, président de l'administration des hôpitaux de Lyon, membre du conseil général du Rhône et du conseil municipal, etc.; et J.-B. Montfalcon, chevalier de la Légion d'honneur, médecin des conseils de salubrité de Lyon et du département du Rhône, etc. Ouvrage auquel l'Académie française a décerné un prix Montyon. 2ᵉ édition, revue, corrigée et augmentée. 1 vol. in-8.   7 fr. 50

MISÈRE (DE LA) DES CLASSES LABORIEUSES EN ANGLETERRE ET EN FRANCE; de la nature de la misère, de son existence, de ses effets, de ses causes et de l'insuffisance des remèdes qu'on lui a opposés jusqu'ici, avec l'indication des moyens propres à en affranchir les sociétés; par Eugène Buret. 2 vol. in-8.   15 fr.

TABLEAU DE LA DETTE PUBLIQUE ET DES MISÈRES DU TRÉSOR. 1 vol. in-8.   5 fr.

COMPARAISON DES BUDGETS DE 1830 ET DE 1845. Épître à M. le ministre des finances; par Jean Le Rond. In-8.   2 fr.

L'UTOPIE DE THOMAS MORUS, traduite en français par V. Stouvenel, avec une Introduction et des Notes du traducteur. 1 vol. in-8. 15 fr.

EXAMEN HISTORIQUE ET CRITIQUE DES DIVERSES THÉORIES PÉNITENTIAIRES, ramenées à une unité de système applicable à la France; par L.-A.-A. Marquet-Vasselot, chevalier de l'ordre royal de la Légion d'honneur. 3. vol. in-8. 18 fr.

DE L'UNION DOUANIÈRE DE LA FRANCE ET DE LA BELGIQUE; par M. P.-A. de la Mourais. 1 vol. in-8. 6 fr.

L'UNION DU MIDI, association de Douanes entre la France, la Belgique, la Suisse et l'Espagne, avec une Introduction sur l'union commerciale de la France et de la Belgique; par Léon Faucher. 1 vol. in-8. 5 fr.

L'ASSOCIATION DES DOUANES ALLEMANDES, son passé, son avenir; ouvrage augmenté du tableau des tarifs comparés de l'association allemande et de ceux des douanes françaises, et de trois cartes indiquant l'état de l'Allemagne avant et après l'association et celui de l'Europe sous le système des unions douanières; par MM. P.-A. de La Nourais et E. Bères. 1 vol. in-8. 5 fr.

DU MONOPOLE DES PROFESSIONS LUCRATIVES EN FRANCE, ou du privilége et de la vénalité des offices et de leur suppression moyennant indemnité; par Morel-Fatio, électeur du deuxième arrondissement. Brochure in-8. 1 fr. 50

DISCOURS ET OPINIONS DE CASIMIR PÉRIER, publiés par sa famille. recueillis et mis en ordre par M. A. Lesieur, chef du bureau au ministère de l'instruction publique, et précédés d'une notice historique; par M. Charles de Rémusat, membre de la chambre des députés. 4 vol. in-8. 30 fr.

CHRONOGRAPHIE, ou Description des temps, contenant toute la suite des souverains des divers peuples, des principaux événements de chaque siècle; et les grands hommes qui ont vécu depuis la création du monde jusqu'au dix-neuvième siècle; par Barbeu-Dubour. Nouvelle édition, contenant des additions importantes, augmentée d'une table des matières par ordre alphabétique et d'un Essai de statistique royale, par un ancien élève de l'école polytechnique. 1 vol. in-folio, relié. 25 fr.

L'URNE, recueil des travaux de J. Ottavi : philosophie, politique, histoire, biographie, littérature, critique littéraire, beaux-arts, instruction publique, économie politique, variétés, etc., avec une biographie de l'auteur, par Léon Gozlan. 1 gros vol. in-8. 7 fr.

NAPOLÉON. Ses opinions et jugements sur les hommes et sur les choses, recueillis par ordre alphabétique, avec une Introduction et des Notes, par M. Damas-Hinard. 2 vol. in-8, 10 fr.

NOTICES SUR LES PRINCIPAUX PEINTRES DE L'ESPAGNE; par Louis Viardot. 1 vol. grand in-8. 8 fr.

HISTOIRE PHILOSOPHIQUE DES PROGRÈS DE LA ZOOLOGIE GÉNÉRALE, depuis l'antiquité jusqu'à nos jours; par Victor Meunier, professeur d'anatomie et de physiologie comparée. In-8. 7 fr. 50

PHILOSOPHIE RÉCLAMÉE PAR LES BESOINS DE NOTRE ÉPOQUE; par le baron Massias. in-8. 1 fr.

ORIGINES (DES) TRADITIONNELLES DE LA PEINTURE EN ITALIE; par Louis Viardot. in-8. 1 fr.

1815 ET 1840; par E. Quinet. 2e édition, augmentée d'une Préface. 50 c.

AVERTISSEMENT AU PAYS; par Quinet. 2e édition. 50 c.

RAPPORT fait au nom de la commission chargée de l'examen du projet de loi tendant à ouvrir un crédit de 140 millions pour les fortifications de la ville de Paris; par M. Thiers, député des Bouches-du-Rhône; accompagné de pièces et documents relatifs aux dépenses des travaux et de l'approvisionnement de Paris, etc. 50 c.

JÉRÔME PATUROT à la recherche d'une position sociale et politique. 3 vol. in-8. 22 fr. 50

Encyclopédiana.

RECUEIL D'ANECDOTES ANCIENNES, MODERNES ET CONTEMPORAINES; tiré :
1. De tous les recueils de ce genre publiés jusqu'à ce jour.
2. De tous les livres rares et curieux touchant les mœurs et les usages des peuples ou la vie des hommes illustres.
3. Des relations de voyages et des mémoires historiques.
4. Des ouvrages des grands écrivains.
5. De manuscrits inédits, etc., etc.

Pensées, maximes, sentences. adages, préceptes, jugements, etc.; anecdotes et traits de courage, de bonté, d'esprit, de sottise, de naïveté, etc.; saillies, réparties, épigrammes, bons mots, etc. 1 vol. grand in-8. 10 fr.

IMPRESSIONS DE VOYAGES DE MONSIEUR BONIFACE ex-réfractaire de la quatrième, du cinquième, de la dixième. Ses excursions sur terre et sur mer, sur la tête et sur le nez; le tout mêlé de bosses, et coloré de bleus et noirs, album comique par Cham. 1 vol. oblong, cartonné à l'anglaise. 5 fr.

Imprimerie Schneider et Langrand, rue d'Erfurth, 1.

CATALOGUE DES LIVRES

PUBLIÉS PAR

J.-J. DUBOCHET ET COMPIE,

ÉDITEURS,

RUE RICHELIEU, 60. — PARIS.

VOYAGES EN ZIGZAG

Ou Excursions d'un pensionnat en vacances dans les cantons suisses et sur le revers italien des Alpes ; par *R. Topffer*; illustrés d'après les dessins de l'auteur, et de **15** grands dessins par *M. Calame*. **53** livraisons à **30** centimes. — **16** francs l'ouvrage complet.

LE JARDIN DES PLANTES

Description des Mammifères de la Ménagerie et du Muséum d'Histoire naturelle, par *M. Boitard*. — Cet ouvrage est illustré et accompagné de **110** sujets d'histoire naturelle, de **110** culs-de-lampe gravés sur cuivre et imprimés dans le texte; de **53** grands sujets gravés sur bois et imprimés à part à cause de leur dimension, et offrant les vues les plus remarquables du Jardin des Plantes, les constructions, les fabriques, les monuments, etc.; des portraits de Buffon et de G. Cuvier; enfin de planches peintes à l'aquarelle, représentant des groupes d'oiseaux des deux hémisphères. Dessinateurs, MM. *Werner, Susemihl, Edouard Traviès, Karl Girardet, Jules David, Français, Himely, Marville*, etc.; gravures sur bois et sur cuivre, par MM. *Andrew, Best et Leloir*; planches sur acier par MM. *Fournier et Annedouche*. — Volume grand in-8, magnifiquement imprimé. — L'ouvrage complet, 16 fr.

Le même ouvrage

Avec tous les sujets et culs-de-lampe dans le texte coloriés. — **64** livraisons à **50** centimes.

DON QUICHOTTE DE LA MANCHE

Traduction nouvelle, précédée d'une Notice sur la Vie et les Ouvrages de l'auteur, par *Louis Viardot* orné de **800** dessins par *Tony Johannot*, et d'une carte géographique des voyages et aventures de Don Quichotte. — 2 volumes grand in-8 jésus. — Prix : **30** francs.

Le même ouvrage

Publié en **100** livraisons à **20** centimes, formant un grand volume in-8.

LES ŒUVRES COMPLÈTES DE MOLIÈRE

Précédées d'une Notice sur la Vie et les Ouvrages de l'auteur, par *M. Sainte-Beuve*; avec **800** dessins par *Tony Johannot*. — Un seul volume grand in-8 jésus vélin. — **20** fr.

Le même ouvrage

Édition princeps en 2 volumes. — Prix : **30** francs.

LES FABLES DE FLORIAN

Ornées de **80** grandes gravures tirées à part du texte et de **25** vignettes et fleurons dans le texte, par *J.-J. Grandville*. — Un charmant volume in-8. — Prix : **12** francs **50** centimes.

HISTOIRE DE L'EMPEREUR NAPOLÉON

Par *Laurent (de l'Ardèche)*; avec **500** dessins par *Horace Vernet*, gravés sur bois et imprimés dans le texte. Nouvelle et magnifique édition augmentée de gravures coloriées représentant les types de tous les corps et les uniformes militaires de la république et de l'empire, par *Hippolyte Bellangé*. — Un volume grand in-8. — Prix : **25** francs.

Le même ouvrage

Sans les types coloriés. — Prix : **20** francs.

COLLECTION DES TYPES DE TOUS LES CORPS

Et des Uniformes militaires de la république et de l'empire. **50** planches coloriées, comprenant les portraits de Bonaparte premier consul, de Napoléon empereur, du prince Eugène, du roi Murat et du prince J. Poniatowski, d'après les dessins de *M. Hippolyte Bellangé*; avec un texte explicatif. — Un beau volume in-8. — Prix : **15** francs.

HISTOIRE DE L'EMPEREUR

Racontée dans une grange par un Vieux Soldat et recueillie par *M. de Balzac*; vignettes de *Lorentz*. Un volume in-32. — Prix : **1** franc.

GIL BLAS DE SANTILLANE

Par *Le Sage*; précédé d'une Notice sur l'auteur, par *Charles Nodier*; orné de **600** dessins par *Gigoux*, gravés sur bois. — Un volume grand in-8 jésus. — Prix : **15** francs.

LES ÉVANGILES

Traduction de *Le Maistre de Sacy*, publiée sous les auspices de *M. l'abbé Trévaux*, vicaire général du diocèse de Paris; édition illustrée par *Théophile Fragonard*, et orné d'un Titre gravé : imprimé en couleur et en or ; d'un Frontispice représentant la Sainte-Face, aussi imprimé en couleur et en or ; de quatre autres Frontispices représentant les quatre Evangélistes avec leurs attributs consacrés par la tradition de l'art chrétien ; de quatre-vingt-neuf Encadrements à grandes vignettes entourant la première page de chaque chapitre, et représentant un sujet du chapitre ; de nombreux Encadrements et ornements courants et Lettres ornées, à la manière des MISSELS du moyen âge et de la renaissance; de Fleurons et Culs-de-Lampe, etc.; imprimé sur papier collé, de manière à pouvoir colorier et enluminer les dessins. — Un volume in-8. — Prix : **18** francs.

Le même ouvrage

Avec les Frontispices représentant les quatre Évangélistes, les Encadrements des premiers chapitres, la fin des derniers chapitres et les Faux Titres de chaque Evangile soigneusement coloriés, et augmenté de **16** gravures sur acier représentant des vues et sujets de la terre sainte. — **40** livraisons à **50** centimes.

LES AVENTURES DE JEAN-PAUL CHOPPART

Par *Louis Desnoyers*; nouvelle édition, illustrée par *Gérard-Séguin* et *Frédéric Goupil*. — Un volume in-8. Prix : **7** fr. **50** c.

L'ILLUSTRATION

Recueil universel paraissant tous les samedis depuis le 4 mars 1843, orné de gravures sur tous les sujets actuels. Evénements politiques, Fêtes et Cérémonies publiques, Portraits des Personnages célèbres, Inventions industrielles, Procès criminels et correctionnels, Vues pittoresques, Cartes géographiques, Compositions musicales, Tableaux de mœurs, Scènes de théâtre, Monuments, Costumes, Décors, Tableaux, Statues, Modes, Caricatures, etc., etc., etc. — **2** volumes in-folio par année. — **32** francs.

La Mission de Jeanne d'Arc

Drame en 5 journées et en vers, par *J.-J. Porchat (de Lausanne).*—Un volume in-18.—Prix : **2** francs.

ŒUVRES COMPLÈTES DE BERNARD PALISSY

Édition conforme aux textes originaux imprimés du vivant de l'auteur, avec des Notes et une Notice historique, par *Paul-Antoine Cap.* — Un volume in-18. — Prix : **3** francs **50** centimes.

UN MILLION DE FAITS

Aide-Mémoire universel des Sciences, des Arts et des Lettres, par MM. *J. Aycard, Desportes, Léon Lalanne, Ludovic Lalanne, Gervais, A. Le Pileur, Ch. Martins, Ch. Vergé et Young.* — Arithmétique, — Algèbre, — Géométrie élémentaire, analytique et descriptive, — Calcul infinitésimal, — Calcul des probabilités, — Mécanique, — Astronomie, — Tables numériques et moyens divers pour abréger les Calculs, — Physique générale, — Météorologie et Physique du Globe, — Chimie, — Minéralogie et Géologie, — Botanique, — Anatomie et Physiologie de l'homme, — Hygiène, — Zoologie, — Arithmétique sociale, — Technologie (arts et métiers), — Agriculture, — Commerce, — Législation, — Art militaire, — Statistique, — Sciences philosophiques, — Philologie, — Paléographie, — Littérature, — Beaux-Arts, — Histoire, — Géographie, — Ethnologie, — Chronologie, — Biographie, — Mythologie, — Éducation. — Un fort vol. portatif in-12, de **1,700** colonnes, orné de gravures sur bois. — L'ouvrage complet, **12** francs ; richement cartonné à l'anglaise, **13** francs **50** centimes.

ENSEIGNEMENT ÉLÉMENTAIRE UNIVERSEL

Ou Encyclopédie de la Jeunesse ; ouvrage également utile aux jeunes gens, aux mères de famille, à toutes les personnes qui s'occupent d'éducation et aux gens du monde ; par MM. *Andrieux de Brioude,* docteur en médecine, et *Louis Baude,* ancien professeur au Collége Stanislas. — Matières traitées dans ce volume : Grammaire, — Langue française, — Littérature, — Rhétorique, — Poésie, — Eloquence, — Philologie, — Arithmétique, — Algèbre, Géométrie, Mécanique, — Physique, — Chimie, — Récréations scientifiques, — Astronomie, — Météorologie, — Histoire naturelle en général, — Géologie, — Minéralogie, — Botanique, — Zoologie, — Anatomie, — Physiologie, — Hygiène privée, — Hygiène publique, — Médecine, — Chirurgie, — Géographie, — Histoire, — Chronologie, — Biographie, — Archéologie, — Numismatique, — Blason, — Religion, — Philosophie, — Morale, — Mythologie, — Sciences occultes, — Législation, — Du gouvernement et de ses formes, — Economie politique, — Agriculture et Horticulture, — Art militaire et Navigation, — Imprimerie, — Musique, — Dessin, Peinture, Sculpture, Gravure, Lithographie, — Architecture, — Éducation, — Réflexions sur le choix d'un état. — Un seul volume, format du MILLION DE FAITS, imprimé en caractères très-lisibles, contenant la matière de **6** volumes ordinaires, enrichi de **400** petites gravures servant d'explication au texte. — Prix : **10** francs ; élégamment cartonné à l'anglaise, **11** francs **50** centimes.

BIOGRAPHIE PORTATIVE UNIVERSELLE

Contenant **30,000** noms, suivi d'une Table chronologique et alphabétique où se trouvent répartis, en **56** classes différentes, les noms mentionnés dans l'ouvrage ; par MM. *L. Lalanne, L. Renier, Th. Bernard, Laumier, Scholer, J. Mongin, E. Janin, A. Deloye, C. Friess.* — Un volume de **2,000** colonnes format du MILLION DE FAITS, contenant la matière de **12** volumes. — Prix, broché : **12** francs ; élégamment cartonné à l'anglaise, **13** francs **50** centimes.

RÊVES ET SOUVENIRS

Poésies morales et philosophiques, par *Marie-Gustave Larnac.* — Un volume in-8. — Prix : **5** francs.

IMPRESSIONS D'UN TOURISTE

En Russie et en Allemagne, par *Pierre Albert.* — Un volume in-8. — Prix : **2** francs **50** centimes.

LA COMÉDIE HUMAINE
OEUVRES COMPLÈTES DE M. DE BALZAC

Édition de luxe à très-bon marché; vignettes par MM. *Johannot, Meissonnier, Lorentz, Gérard-Séguin, Perlet* et *Gavarni*.

LES SCÈNES DE LA VIE PRIVÉE CONTIENNENT :

Tome premier. — La Maison du Chat-qui-pelote. — Le Bal de Sceaux. — La Bourse. — La Vendetta. — Madame Firmiani. — Une double Famille. — La Paix du Ménage. — La Fausse Maîtresse. — Étude de Femme. — Alber Savarus. — *Tome deuxième.* — Mémoires de deux jeunes Mariées. — Une Fille d'Ève. — La Femme abandonnée. — La Grenadière. — Le Message. — Gobsek. — Autre Étude de Femme. — *Tome troisième.* — La Femme de Trente Ans. — Le Contrat de Mariage.

LES SCÈNES DE LA VIE DE PROVINCE CONTIENNENT :

Tome premier. — Ursule Mirouet. — Eugénie Grandet. — Les Célibataires (première histoire) Pierrette. *Tome deuxième.* — Les Célibataires. (Deuxième histoire.) — Le Curé de Tours. (Troisième histoire.) — Un Ménage de Garçon. — Les Parisiens en Province. (Première histoire.) L'Illustre Gaudissart. — (Deuxième histoire.) La Muse du Département. — *Le troisième volume* des Scènes de la Province contiendra : La Vieille Fille. — Le Cabinet des Antiques, etc. — *Tome quatrième.* — Illusions perdues, (Première partie.) Les deux Poètes. — (Deuxième partie.) Un grand Homme de Province à Paris. — (Troisième partie.) Ève et David.

En cours de livraisons : Scènes de la Vie Parisienne, *premier volume.* — Ce volume contient : Histoire des Treize. (Premier épisode.) Ferragus. — (Deuxième épisode.) La duchesse de Langeais. — (Troisième épisode.) La Fille aux Yeux d'Or. — Le Père Goriot.

CHAQUE VOLUME SE VEND AU PRIX DE **5** FRANCS.

TRAITÉ PRATIQUE DE PHOTOGRAPHIE

Exposé complet des procédés relatifs au Daguerréotype, comprenant la Préparation à l'usage de toutes les substances accélératrices, l'emploi du verre continuateur, les règles à observer pour la bonne exécution du portrait photogénique, la reproduction des épreuves par l'électroplastie, les recettes pour graver sur figure, la gravure chimique, le coloriage, etc., etc.; suivi de l'explication approfondie de la nouvelle méthode de l'auteur pour travailler au bain d'argent; par *Tony Gaudin*, calculateur du bureau des longitudes. — Un volume in-8. — Prix : **5** francs.

ABAQUE

Ou Compteur universel, donnant à vue, à moins d'un **200**e près, les résultats de tous les calculs d'arithmétique, de mécanique pratique, etc., par *Léon Lalanne*, ancien élève de l'école polytechnique, Ingénieur des ponts et chaussées.

(*Cet Abaque a été approuvé par l'Académie des Sciences, le 11 sept. 1843.*)
PRIX DU MODÈLE N° **1**, **60** CENT. SUR PAPIER ; **80** CENT. SUR TOILE.

Ce COMPTEUR UNIVERSEL, d'un nouveau genre, est destiné à remplacer la RÈGLE A CALCUL, si appréciée en Angleterre et qui commence à se répandre en France. Il donne avec autant de promptitude que de facilité tous les résultats que l'on obtient à l'aide de la règle ; et, de plus, il est propre à une foule d'autres usages auxquels la règle ne peut être commodément appliquée.

COLLECTION DES AUTEURS LATINS

Avec la traduction en français, publiée sous la direction de *M. Nisard*, maître des conférences à l'école Normale.

POÈTES. — Plaute, Térence, Sénèque le Tragique, 1 vol. — Lucrèce, Virgile, Valérius Flaccus, 1 vol. Ovide, 1 vol. — Horace, Juvénal, Perse, Sulpicia, Phèdre, Catulle, Tibulle, Properce, Gallus, Maximus, Publius Syrus, 1 vol. — Stace, Martial, Lucilius Junior, Rutilius Numantianus, Gratius Faliscus, Nemesianus et Calpurnius. 1 vol. — Lucain, Silius Italicus, Claudien, 1 vol.

PROSATEURS. — Cicéron, 1 vol. — Tacite, 1 v. — Tite-Live, 2 v. — Sénèque le Philosophe, 1 v. — Cornelius Nepos, Quinte-Curce, Justin, 1 v. — V. Maxime et Obsequens, 1 v. — Quintilien, Pline le Jeune, 1 v. — Pétrone, Apulée, Aulu-Gelle, 1 v. — Caton, Varron (DE RE RUSTICA), Columelle, Palladius, 1 v. — Pline l'Ancien, 2 v. — Suétone, Historia Augusta, Eutrope, 1 v. — Ammien Marcellin, Jornandès, 1 v. — Macrobe, Varron (De lingua latina) et Pomponius Mela, 1 v. — Celse Vitruve, 1 v. — Salluste, J. César, V. Paterculus, Florus 1 v. Choix de Prosateurs de la latinité chrétienne, 1 v.

27 volumes grand in-8, de **45** à **55** feuilles, contenant la matière de **200** volumes des autres éditions. — Le prix de chaque volume varie de **12** à **15** francs selon le nombre des feuilles. — Pour les personnes qui souscriront d'avance à la collection complète, le prix de l'abonnement est de **324** francs, ou **12** francs le volume.

Sous presse :

PATRIA

La France ancienne, moderne, morale et maternelle, ou Collection encyclopédique de tous les faits relatifs à l'histoire intellectuelle et physique de la France et de ses colonies. — Un très-fort volume petit in-8 de **2,000** colonnes, orné de **400** figures sur bois et de cartes coloriées, avec une table des matières et un index alphabétique.

Paris. — Imprimerie Schneider et Langrand, rue d'Erfurth, 1.

www.ingramcontent.com/pod-product-compliance
Lightning Source LLC
Chambersburg PA
CBHW051836230426
43671CB00008B/983